pour le Doctorat

par

<u>Violland</u> (François-Marie Némorin)

Paris. 1856.

Thèse

POUR LE DOCTORAT

L'acte public sur les matières ci-après sera soutenu
le vendredi 1er août 1856, à huit heures

PAR

François-Marie-Némorin VIOLLAUD

Président, M. PERREYVE, Professeur.

Suffragants :
MM. PELLAT, doyen.
VALETTE,
DE VALROGER,
COLMET DE SANTERRE, Suppléan*t*

Professeurs.

PARIS

IMPRIMERIE DE J.-B. GROS ET DONNAUD
Rue des Noyers, 74.

1856

A MON PÈRE, A MA MÈRE.

DROIT FRANÇAIS.

—

DE L'ABSENCE

INTRODUCTION.

L'absent, dans le langage ordinaire, est celui qui n'est pas actuellement soit à son domicile, soit au lieu quelconque où sa présence est utile : *absentem accipere debemus eum qui non est eo loco in quo petitur*; mais sur l'existence duquel, d'ailleurs, ne s'élève aucun doute. C'est le non présent des art. 819 et 840.

Ce n'est point de cette non présence qu'il s'agit dans le titre que nous allons étudier ; mais de l'absence considérée comme modification de l'état des personnes ; de l'absence sans nouvelles, dont le ré-

sultat est de jeter sur l'existence le doute et l'incertitude.

Le droit romain, source si féconde en tout ce qui
touche au droit privé, nous fait ici, par exception,
presque complétement défaut. Le Digeste ne nous
fournit que quelques règles éparses, insuffisantes
pour servir de base à une théorie sur notre sujet :
droit pour le conjoint de se remarier après cinq
ans d'incertitude sur l'existence de son époux cap-
tif : *sin autem in incerto est, an vivus apud hostes
teneatur, vel morte præventus, tunc si quinquen-
nium a tempore captivitatis excesserit, licentiam
habet mulier ad alias migrare nuptias.* (D. 1. 6,
de divort. et repud.)

Droit pour le fils de famille de l'absent de se ma-
rier après trois ans, sans son consentement : *Si ita
pater absit, ut ignoretur ubi sit, et an sit : quid
faciendum est merito dubitatur? et, si triennium
effluxerit, postquam apertissime fuerit pater igno-
tus ubi degit, et an superstes sit, non prohibentur
liberi (ejus) utriusque sexus matrimonium vel
nuptias legitimas contrahere* (D. 1. 10 de rit.
nupt.).

Voilà quelques-unes des traces que nous retrouvons.

Toutefois, il est permis de croire qu'après cent
années d'âge, l'absent était réputé mort, et que
dès lors tous les droits subordonnés à son décès

pouvaient être exercés, c'est ce qui paraît résulter de plusieurs passages, où l'on voit que cent ans sont réputés être le terme le plus long de la vie humaine (D. 1. 56, de usufr. et quemad. 1, 8 de usu et usufruc.).

Quant au titre 6 du livre IV du Digeste intitulé : *ex quibus causis majores (viginti quinque annis) in integrum restituuntur.* l'absence confondue avec la non présence y est surtout envisagée comme cause de restitution : le préteur vient au secours des personnes qui, retenues loin du siége de leurs affaires, n'ont pu veiller à leurs intérêts ; il restitue également tous ceux qui ont été dans l'impossibilité de diriger contre l'absent, en temps utile, des poursuites conservatrices de leurs droits.

Notre ancienne jurisprudence, moins incomplète, était parvenue après plusieurs essais à jeter les bases principales du système consacré par notre Code.

Dans le principe, la grande règle en cette matière était que l'absent devait être présumé vivant, jusqu'à ce qu'il eût atteint l'âge de cent ans , terme le plus long de la vie humaine, mais cette présomption n'était pas admissible : « Elle est , dit Po-
« thier, évidemment fausse'et absurde ; car toute
« présomption doit être fondée sur quelque vrai-
« semblance et sur ce qui arrive communément :
« *præsumptio ex eo quod plerumque fit.* Il fau-

« drait donc, pour qu'un homme pût être présu-
« mé vivre cent ans, que ce fût le temps ordi-
« naire de la vie des hommes et qu'il y en eût très
« peu qui mourussent avant les cent ans. La loi 8
« Dig. de usuf. leg. et autres qu'on cite pour fon-
« dement de cette maxime sont citées à contre-
« sens. Ces textes disent seulement qu'un homme
« est présumé ne pas vivre au-delà de cent ans ; ce
« qui est bien différent de ce qu'on leur fait dire. »
(Introd. au tit. XVII de la coutume d'Orléans,
n° 7.) »

Les anciens auteurs et plusieurs arrêts avaient,
néanmoins, adopté cette idée malgré sa fausseté,
mais elle fut abandonnée par la jurisprudence des
derniers temps qui adopta cet autre principe :
« jusqu'à ce qu'il se soit écoulé cent ans depuis la
« naissance de l'absent, il n'est ni présumé vivant,
« ni présumé mort ; et c'est à ceux qui ont inté-
« rêt qu'il soit vivant, à prouver sa vie, comme
« c'est à ceux qui ont intérêt qu'il soit mort, à prou-
« ver sa mort. » (Pothier, n° 7, *suprà*.)

Ceux qui avaient des droits subordonnés au décès de l'absent, ne pouvaient donc les exercer qu'à
la condition de prouver sa mort, ce qui n'empêchait
pas toutefois les parents de l'absent d'obtenir l'envoi en possession provisoire de ses biens, après un
certain laps de temps qui variait de trois à dix
ans.

A Paris, cette possession s'obtenait après trois ans.

La coutume de Hainaut fixait un pareil délai.

Les coutumes d'Anjou et du Maine autorisaient la mise en possession après sept ans.

Au parlement de Toulouse, le partage provisionnel des biens avait lieu après neuf ans.

Enfin à Bordeaux, après dix années.

Mais cet envoi en possession était principalement fondé sur la nécessité de ne pas laisser trop longtemps les biens à l'abandon, ou confiés à des tiers non intéressés à leur conservation ; c'était si bien là le véritable motif, qu'il n'y avait pas lieu de recourir à cette mesure lorsque l'absent lui-même avait laissé un mandataire, pourvu, toutefois, que la procuration ait été confiée à l'un des héritiers présomptifs ; dès lors les autres parents ne pouvaient plus lui enlever l'entière administration et la jouissance des biens, sans apporter la preuve du décès de l'absent ; mais si la procuration avait été donnée à un étranger, elle ne faisait point obstacle à l'envoi en possession des héritiers.

Ce système, qui ne voyait dans cet envoi en possession qu'une manière de garantir l'administration de la fortune de l'absent, et nullement une ouverture provisoire des droits subordonnés à son décès, avait le grave inconvénient de laisser aux mains des héritiers les biens légués ou grevés de

substitution, jusqu'à ce que l'absent eût atteint
l'âge de cent ans : « Comme la mort d'un absent ,
« dit Guyot, est au rang des choses incertaines, une
« action fondée sur la vérité de cette mort ne peut
« être exercée que quand il s'est écoulé cent an-
« nées depuis la naissance de l'absent. C'est une
« conséquence de ce que les lois disent qu'une per-
« sonne ne doit pas être présumée vivre plus de
« cent ans. Il suit de là que le testament d'un absent
« de la mort duquel on ne rapporte pas la preuve,
« ne doit être exécuté que quand il s'est écoulé
« cent années depuis sa naissance ; ainsi la cadu-
« cité des legs faits par un tel testament peut avoir
« lieu par le décès du légataire avant cette épo-
« que. Il suit aussi de là que l'usufruit dont l'ab-
« sent jouissait ne peut être censé réuni à la pro-
« priété avant la même époque. Il faut en dire
« autant, avec Ricard, des substitutions dont l'ab-
« sent peut être grevé: elles ne sont ouvertes qu'à
« pareille époque et elles deviennent caduques si
« ceux qui sont appelés à les recueillir décèdent
« auparavant. »

Ces décisions n'étaient pas admises par tous. Bretonnier pensait, au contraire, qu'après un certain
temps, ceux qui avaient des droits subordonnés au
décès de l'absent devaient obtenir l'envoi en possession ; il admettait également que le décès du légataire et de l'appelé avant l'expiration de ce dé-

lai, ne frappait point de caducité leurs droits qui passaient à leurs héritiers. (*Questions* de Bretonnier, des absents, chap. III.)

Pothier disait également : « L'opinion la plus
« probable est de réputer sa succession (celle de
« l'absent) ouverte du jour de la dernière nouvelle
« qu'on a eue de lui ; ce n'est pas qu'il y ait lieu
« de présumer qu'il est mort dès ce temps, plutôt
« que dans un autre temps ; mais c'est que n'y
« ayant aucune raison d'assigner sa mort à un
« temps plutôt qu'à un autre, et étant néanmoins
« nécessaire de fixer le temps de l'ouverture de la
« succession, on ne peut mieux le fixer qu'au
« temps où l'on a cessé d'avoir des nouvelles de
« lui ; parce que s'il n'est pas effectivement mort dès
« ce temps, il l'est au moins équipollemment par
« rapport à la société des hommes ; car par rap-
« port à la société, c'est à peu près la même chose
« qu'un homme n'existe point, ou qu'on n'ait au-
« cune connaissance de son existence » (*Traité
des Successions*, chap. III, sect. 1ʳᵉ, § 1). Mais Pothier lui-même, dans son commentaire sur la coutume d'Orléans, incline vers l'opinion de Lebrun,
qui répute la succession ouverte du jour de l'envoi
en possession.

Notons que la communauté était provisoirement
dissoute par l'envoi en possession des héritiers, ce
qui aurait dû logiquement n'avoir lieu qu'à l'épo-

que où l'absent a atteint sa centième année (Pothier, *de la Communauté*, n° 505).

Quant à l'administration des biens, jusqu'à l'envoi en possession des héritiers, l'usage général était de nommer un curateur; la nomination de ce curateur était même nécessaire lorsqu'il s'agissait d'assigner un absent en justice. Mais l'ordonnance de 1667, titre 2, art. 8, abrogea cette formalité, et prescrivit d'assigner l'absent à son dernier domicile. Le but de l'ordonnance n'était pas d'interdire la nomination d'un administrateur, mais de supprimer seulement le système des curateurs *ad litem*, et de soustraire ainsi l'absent au danger d'encourir, sur une mauvaise défense, des condamnations réputées contradictoires; par suite de cette abrogation, on n'obtint plus que des jugements par défaut, auxquels l'absent de retour pouvait faire opposition, l'opposition à cette époque pouvant toujours être formée.

L'assemblée constituante, le 11 février 1791, fit une loi qui posait quelques règles de notre matière, entre autres, l'obligation de faire nommer par le tribunal un notaire chargé de représenter l'absent dans les inventaires, comptes et partages dans lesquels il pourrait se trouver intéressé (art. 1er); et la prohibition faite à ce notaire d'instrumenter comme officier public dans un acte où il devient partie intéressée, comme représentant de l'absent (art. 7).

Telles sont les règles éparses et incomplètes que les rédacteurs du Code civil ont eu à coordonner.

Dans le principe, on ne traitait que de l'envoi en possession qui suivait la déclaration d'absence ; nulles mesures n'étaient prises dans l'intérêt de l'absent pendant le laps de temps qui précède cette époque, il ne fallait pas, disait-on, pénétrer dans le secret des affaires d'un majeur sans sa volonté. Mais ces scrupules exagérés pouvant être très préjudiciables aux intérêts de l'absent lui-même, furent écartés, et l'on décida qu'il y aurait lieu à des mesures conservatoires.

Le projet élaboré par le conseil d'Etat fut adopté par le Tribunat le 23 ventôse an XI (13 mars 1803), décrété le 15 du même mois, et promulgué le 4 germinal an XI (25 mars 1803).

La première question à résoudre était celle de savoir dans quelle partie du Code civil l'absence serait placée. Sans s'arrêter aux rapports plus ou moins complets qui existent entre notre sujet et les titres du contrat de mariage et des successions, le législateur a considéré que le caractère général qui domine notre matière, est un caractère de protection et de surveillance. En effet, bien que l'absent n'ait subi aucune déchéance dans ses droits, il n'en est pas moins incapable en fait d'agir par lui-même ; sa position est analogue à celle du mineur et de l'interdit, les causes diffèrent, mais le résultat est le même : les uns et les autres ont besoin de la sollicitude de la loi. Ce n'est donc pas sans raison que l'absence a été placée dans le livre premier, où l'on traite de l'état des personnes, à côté de la tutelle et de l'interdiction, et immédiatement à la suite de la matière du domicile, à laquelle elle se rattache naturellement, puisque l'absent est celui qui a cessé de paraître à son domicile.

Le titre quatrième est tout entier consacré à la matière de l'absence. Les règles que nous y trouvons tracées se divisent en deux classes :

1° Règles relatives aux intérêts pécuniaires de l'absent ;

2° Règles ayant trait à ses intérêts de famille.

Nous ne nous occuperons que des premières, laissant de côté les effets de l'absence, en ce qui concerne le lien du mariage et la position des enfants mineurs. Ce travail aura seulement pour objet la déclaration d'absence et ses effets, quant aux biens qui appartenaient à l'absent, au jour de sa disparition ou de ses dernières nouvelles. Nous traiterons, en outre, dans un dernier chapitre, des droits éventuels qui compètent à l'absent, droits régis par des règles spéciales, uniquement applicables à cette matière.

La première période, appelée présomption d'absence, ne nous arrêtera pas, elle se trouve en dehors de notre cadre. Il nous suffira de dire que, pendant toute la durée de cette époque, on se borne aux mesures qu'une impérieuse nécessité réclame (art. 112). Il ne fallait pas, sous prétexte de veiller aux intérêts des présumés absents, s'immiscer avec trop de précipitation dans le secret de leurs affaires. Toute latitude est laissée aux tribunaux pour ordonner les mesures exigées par les circonstances, le législateur a pensé avec raison qu'il était impossible de tracer des règles *a priori*, et de prévoir les hypothèses infinies qui peuvent se présenter. L'art. 113 est le seul cas où la loi impose l'obligation de nommer un notaire, l'homme qui offre le plus de garanties, pour représenter le présumé absent dans les inventaires, comptes, partages et liquidations.

Les créanciers en leur propre nom, le procureur impérial agissant tant au nom de l'absent que comme représentant de la société, auront qualité pour saisir les tribunaux ; ce sont bien là des personnes intéressées dans le sens de l'art. 112. Mais la question de savoir si les héritiers présomptifs sont au nombre de ces parties intéressées, divise encore les auteurs.

Après un certain laps de temps, qui varie selon que l'absent a laissé ou non une procuration, cette période de la présomption d'absence ne peut plus se prolonger, il faut que cette situation précaire, qui ne donne lieu à aucune mesure générale, ait une fin : la mort de la personne qui a disparu devient chaque jour de plus en plus probable, les intérêts de ceux qui ont des droits subordonnés à son décès, réclament une situation nouvelle, l'absence dès lors va être déclarée.

Mais cette seconde phase de l'absence, loin d'être comme la première dans l'intérêt exclusif de l'absent, va au contraire amener des résultats qui lui seront préjudiciables : le morcellement de ses biens, la perte d'une partie de ses revenus, (art. 127). Le législateur a donc pensé qu'on ne pouvait prendre trop de précautions pour avertir l'absent des mesures qui vont le frapper ; il a introduit un large système de publicité qui contraste avec l'ancienne législation, laquelle n'exigeait qu'une garantie dérisoire : un acte de notoriété attestant l'absence sans nouvelles.

Nous diviserons notre sujet en deux chapitres.

CHAPITRE PREMIER.

De la déclaration d'absence et de ses effets.

1re *section*. Notions générales sur la déclaration d'absence.

2e *section*. Envoi en possession provisoire.

3e *section*. Droits de l'épouxprésent commun en biens.

4e *section*. Cessation de l'envoi en possession provisoire ou de l'administration légale.

5e *section*. Envoi en possession définitif.

6e *section*. Causes qui font cesser l'envoi définitif.

CHAPITRE DEUXIÈME.

Des effets de l'absence relativement aux droits éventuels qui peuvent compéter à l'absent.

CHAPITRE I.

DE LA DÉCLARATION D'ABSENCE ET DE SES EFFETS.

—

PREMIÈRE SECTION.

Notions générales sur la déclaration d'absence.

A quelle époque peut-on demander la déclaration d'absence?

Une distinction est nécessaire : lorsque la personne n'a point laissé de procuration, la demande peut être formée après quatre ans depuis ses dernières nouvelles (art. 115) ; si elle a laissé un fondé de pouvoirs, le délai est porté à dix années (art. 121).

D'après le projet du Code, l'existence de la procuration ne faisait que retarder l'envoi en possession provisoire, sans avoir aucune influence sur la déclaration d'absence. Ce système fut rejeté et avec raison, par ce motif que la déclaration était inutile à prononcer si elle ne devait pas aboutir à l'envoi en possession; ce sont là deux faits qui ont effectivement entre eux une relation intime et nécessaire. On s'est donc arrêté, en définitive, à cette opinion que l'existence de la procuration retarde et l'envoi en possession et la déclaration d'absence; mais on a oublié de reporter les art. 121 et 122 à la suite de l'art. 115, où est leur véritable place. C'est encore le souvenir de l'opinion primitivement adoptée qui explique la rédaction vicieuse de l'art. 120 : « *dans les cas où l'absent n'aurait* « *point laissé de procuration pour l'administration* « *de ses biens* ; » cette phrase, vraie d'après le projet, devait être effacée dans la rédaction définitive : qu'il y ait ou non procuration, aussitôt la déclaration, l'envoi en possession a immédiatement lieu.

L'existence d'une procuration devait être prise en considération ; car, celui qui, en partant, a confié à un mandataire l'administration de ses affaires, a par cela même indiqué qu'il n'espérait pas un prompt retour ; son silence d'ailleurs s'explique, jusqu'à un certain point, par cette circonstance qu'ayant quelqu'un sur les lieux qui administre pour lui sa fortune, il se croit moins obligé de donner de ses nouvelles.

Le tuteur est un véritable mandataire ; nous en conclurons que, si le mineur vient à disparaître, la déclaration d'absence ne pourra être prononcée qu'après dix ans. Il n'y a aucune raison de décider autrement, car les mêmes motifs existent.

Une procuration quelconque ne suffit pas pour retarder la demande en déclaration d'absence : nous sommes de l'avis des auteurs qui pensent qu'un pouvoir spécial pour aller devant le juge de paix en conciliation, serait complétement insignifiant au point de vue qui nous occupe ; mais nous n'allons pas jusqu'à exiger que la procuration soit générale, nous croyons que les juges ont toute latitude pour apprécier si son importance est suffisante pour indiquer de la part de l'absent l'intention de s'éloigner, sans néanmoins cesser de pourvoir à l'administration de son patrimoine.

La procuration peut venir à cesser par la mort, l'interdiction, la faillite ou la déconfiture du mandataire (art. 2003) ; l'absent n'ayant pas pu prévoir la fin du mandat, les motifs indiqués plus haut subsistent avec toute leur force, l'art. 121 reste applicable, ce que dit formellement l'art. 122.

L'art. 122 est-il applicable si l'absent a donné une procuration pour un temps déterminé et que le terme arrive avant les dix ans ? C'est encore une question de fait, de savoir si elle a une durée assez longue pour expliquer une absence de dix ans.

Mais à l'inverse que décider si la procuration avait été donnée pour plus de dix années ? tout le monde convient que la déclaration d'absence n'en pourra pas moins être prononcée après dix ans ; il ne peut dépendre de l'absent de suspendre l'effet de la loi quant à la déclaration d'absence qui est d'ordre public. Dix années écoulées sans nouvelles rendent la mort très probable ; on pourrait même prétendre que le délai est bien long de nos jours, maintenant que les communications sont si faciles et si rapides. D'ailleurs, il n'y a aucun danger en présence de l'art. 117 qui accorde un pouvoir discrétionnaire aux juges, toujours libres de voir dans cette longue procuration un motif suffisant pour retarder la déclaration d'absence.

Le point de départ des quatre ans ou des dix ans est-il fixé à la réception des dernières nouvelles, ou bien au moment où l'absent a manifesté son existence ; en d'autres termes, doit-on prendre la date de la réception de la lettre, ou la date à laquelle elle a été écrite ? Le texte, il faut l'avouer, est favorable à la première opinion, mais en l'adoptant, on sera amené à dire que, si l'existence de l'absent était manifestée non par lettres, mais par déclaration de personnes qui l'auraient vu, le point de départ des quatre ou des dix années variera selon que le voyage aura été plus ou moins long, selon que ces personnes seront plus ou moins négligentes à transmettre leurs renseignements, ce qui conduirait à l'absurde. La lettre qui apporte des nouvelles peut être restée plusieurs années en route ; comment la présomption de décès pourrait-elle être modifiée par de pareils accidents? la pensée de la loi est que le délai doit courir à partir de l'époque où l'absent a donné signe de vie ; nous voyons en effet l'art. 120 accorder l'envoi à ceux qui étaient héritiers présomptifs *au jour des dernières nouvelles* ; donc, la loi répute l'absent mort à partir de ces dernières nouvelles, et c'est avec raison, car on n'a aucune preuve que son existence se soit prolongée au delà. Eh bien ! ne serait-il pas illogique de prendre les héritiers les plus proches au jour de cette réception, de présumer la mort de l'absent à cette époque, quand nous savons que mille circonstances peuvent la faire varier ?

Au reste, la doctrine que nous adoptons n'offre aucun inconvénient, puisque le tribunal, indépendamment du délai d'un an de l'art. 119, peut toujours reculer l'époque de la déclaration d'absence, conformément à l'art. 117.

Quelles sont les personnes qui peuvent provoquer la déclaration d'absence ?

Ce sont les *parties intéressées*, nous dit l'art. 115 ; mais qu'entend-on par là, intéressées à quoi?..... à ce que l'absence soit déclarée. Ce sont donc tous ceux à qui cette déclaration profitera, qui ont des droits subordonnés au décès de l'absent, qu'ils exerceront à la charge de donner caution (art. 123).

Ces personnes sont :

1° Les héritiers légitimes et les successeurs irréguliers;

2° Les légataires quelconques et les personnes instituées contractuellement par l'absent;

3° Le conjoint commun en biens qui a un droit d'option dont nous parlerons plus tard. Si la femme commune opte pour la dissolution de la communauté, elle reprend l'administration de ses biens; sous tout autre régime, s'il y a une dot, elle lui sera alors restituée;

4° Le donateur avec clause de retour (art. 951 et 952) ;

5° Le nu-propriétaire des biens dont l'absent avait l'usufruit, l'usage ou l'habitation ;

6° Les appelés, l'absent jouant le rôle de grevé de substitution.

Est-il bien exact de dire que les légataires peuvent demander la déclaration d'absence? ce qui fait doute, c'est que l'art. 123 dit que le testament sera ouvert quand les héritiers présomptifs auront obtenu l'envoi en possession provisoire ; or, l'envoi ne peut précéder la déclaration d'absence, dont il est l'effet, comme l'indique l'art. 120. Il paraît donc, à première vue, impossible que les légataires demandent la déclaration d'absence, puisque leurs droits n'apparaîtront qu'ultérieurement.

Malgré ces raisons, nous adoptons l'affirmative ; les légataires, en effet, sont intéressés dans le sens de l'art. 115 ; l'art. 123 n'est pas restrictif, mais seulement énonciatif, il suppose ce qui arrive le plus ordinairement : que les héritiers présomptifs demandent la déclaration et se font envoyer en possession ; mais il n'a pas pour but d'anéantir l'art. 115 dans son principe. Qu'arriverait-il si l'on prenait l'art 123 à la lettre ? c'est que non-seulement les légataires, mais encore les donateurs avec clause de retour, seraient soumis au bon plaisir des héritiers ; ce qui n'est pas admissible en présence des expressions de l'art. 115 : *Parties intéressées*, qui comprennent, non-seulement les héritiers, mais tous autres ayant des droits subordonnés au décès de l'absent.

Ajoutons que, la plupart du temps, les héritiers, sachant qu'il existe un legs universel ou une institution contractuelle, n'agiraient pas, faute d'intérêt ; à plus forte raison s'ils étaient en possession de fait, se garderaient-ils de former une demande qui les amènerait à une restitution ? Disons donc que tous les intéressés sans exception peuvent exercer le droit accordé par l'art. 115 ; seulement ils devront prouver leur intérêt : le donataire par institution contractuelle puisera la preuve de son droit dans le contrat de mariage ; le légataire dans le testament, quand il sera public. Mais si le testament est olographe ou mystique, il faut décider que ceux qui ont juste sujet de se croire institués, pourront obtenir du tribunal que le testament soit ouvert ; il faut bien de toute nécessité que la justice intervienne pour rendre possible l'exercice du droit. Mais il nous semble que l'action de ces légataires devra être précédée de la mise en demeure des héritiers présomptifs, conformément à l'art. 11 de la loi du 13 janvier 1817, qui s'exprime en ces termes : « Si les héritiers présomptifs ou l'époux négligent d'user du bénéfice de la présente loi, les créanciers ou autres personnes intéressées pourront, un mois après l'interpellation qu'ils seront tenus de leur faire signifier, se pourvoir eux-mêmes en déclaration d'absence ou de décès. »

Dans un autre système, on donne bien aux légataires le droit de demander la déclaration d'absence, mais on leur refuse l'envoi en possession ; c'est insoutenable, car la déclaration n'est demandée que pour arriver à l'envoi provisoire ; quelle pourrait être sans cela son utilité ? C'est pour cela que, dans les art. 859 et 860 C. pr., le législateur, considérant les choses au point de vue pratique, confond la déclaration d'absence avec l'envoi en possession.

Les créanciers sont évidemment intéressés dans le sens de l'art. 112 ; ils ont intérêt en effet à la bonne administration du patrimoine de l'absent, gage de leurs créances (art. 2093). Mais sont-ils compris parmi les parties intéressées de notre article 115 ?

On serait tout d'abord disposé à répondre négativement. A quoi la déclaration d'absence, en effet, pourrait-elle leur être utile? A l'envoi en possession? ils n'y auront jamais aucun droit. A la nomination d'un administrateur pour gérer les biens, si personne ne se présente pour jouer le rôle d'envoyé? mais l'art. 112 leur donnait déjà, pendant la première période, le moyen de provoquer toutes les mesures utiles. Ne pourrait-on pas même aller plus loin, et soutenir que cette déclaration d'absence leur serait nuisible, car elle entraîne le morcellement des biens et la division des créances entre les héritiers de l'absent; d'autant plus nuisible, ajoutent certains auteurs, que les envoyés en possession gagnent une portion des fruits (art. 127). Cette dernière conséquence ne nous paraît pas certaine; cette attribution des fruits ne doit avoir lieu que dans les rapports des envoyés avec l'absent, et non au préjudice des créanciers, qui auront, ce nous semble, toujours le droit de dire : « C'est là notre gage, vous n'y toucherez pas. » On objecte, il est vrai, que les créanciers doivent également subir cette réduction des fruits, considérée comme le paiement d'une administration qui leur a profité, en définitive, puisqu'elle a conservé leur gage ; nous répondons que jamais administrateur n'a reçu un salaire aussi exorbitant que celui de l'art. 127, et que si l'on doit tenir compte aux envoyés de leurs soins, ce que nous admettons sans difficulté, il faut s'appuyer sur une base plus équitable.

Nous concluons de ce qui précède, qu'on ne peut pas dire d'une manière absolue que les créanciers sont compris dans l'art. 115, ou qu'ils en sont exclus ; tout dépendra des circonstances. Ils peuvent, en certains cas, avoir un intérêt de fait à demander la déclaration d'absence. Supposons, par exemple, l'existence d'un héritier unique qui, par négligence, ne provoque pas la déclaration, ou qui recule devant les frais qu'elle occasionnera, bon administrateur du reste ; pourquoi donc, dans cette hypothèse, les créanciers qui n'ont pas à redouter le morcellement de leur gage ne pourraient-ils pas agir en vertu de l'art. 115? Pourquoi les contraindre à se borner aux mesures conservatoires de l'art. 112, qui ont exclusivement pour objet d'empêcher le dépérissement des biens, tandis que l'envoi en possession provisoire peut contribuer à leur amélioration ?

Dès lors s'explique la loi du 13 janvier 1817, dont l'art. 11 a été si vivement critiqué, pour avoir mis les créanciers au nombre des personnes intéressées, qui peuvent provoquer la déclaration d'absence des militaires disparus dans les guerres qui ont ravagé l'Europe, de 1792 à 1815.

Le ministère public ne peut pas provoquer la déclaration d'absence, car c'est une mesure évidemment préjudiciable aux intérêts de l'absent, qui amènera la perte d'une portion et même de la totalité de ses revenus après un certain laps de temps (art. 127). Tant qu'il est présumé absent, le ministère public doit le protéger (art. 83, n° 7 C. pr.); il le peut de la manière la plus énergique aux termes de l'art. 114; et, loin de provoquer ce changement d'état, il est l'adversaire de ceux qui demandent la déclaration d'absence (art. 116). Ce dernier article nous révèle la pensée de la loi ; elle voit, dans cette déclaration, une mesure contraire aux intérêts de l'absent, c'est pour cela qu'elle le fait défendre par son protecteur, qui, dès lors, ne peut jamais jouer, dans notre hypothèse, le rôle de demandeur.

Quel est le tribunal compétent pour prononcer la déclaration d'absence ?

C'est incontestablement le tribunal du domicile de celui qui a disparu. C'est l'application de là maxime : « Actor sequitur forum rei. » L'absent joue en effet le rôle de défendeur dans l'instance, qui doit amener un changement d'état. En second lieu, la déclaration d'absence présente de l'analogie avec l'ouverture d'une succession ; nous retrouvons donc encore, sous ce point de vue, le tribunal du domicile (art. 110).

La marche à suivre, pour arriver à faire prononcer la déclaration d'absence, nous est indiquée par les art. 859 et 860 C. pr. Constater le défaut absolu de nouvelles ; amener l'absent à donner signe de vie et à arrêter ainsi les mesures qu'on provoque contre lui ; tel est le double but des formalités que nous allons rencontrer.

Les parties, en premier lieu, présentent au président du tribunal une requête au bas de laquelle il rend une ordonnance, qui commet un juge pour faire son rapport au jour indiqué. Le tribunal, saisi de la demande, peut décider immédiatement qu'il n'y a pas lieu quant à présent de déclarer l'absence; si, au contraire, les pièces et documents qui lui sont fournis lui paraissent avoir une certaine gravité, il ordonnera qu'il soit procédé à une enquête, condition préalable de toute déclaration d'absence : voyez en effet les termes impératifs de l'art 116.

Cette enquête est faite d'après les pièces et les documents fournis par les parties; ils indiquent les témoins qui seront entendus et les faits sur lesquels ils auront à déposer. Le ministère public étant partie dans l'enquête comme représentant l'absent, peut faire une contre-enquête qui est de droit commun (art. 256 C. pr.), il peut également reprocher les témoins.

L'audition des témoins étant le seul moyen de savoir si la personne a réellement cessé de donner de ses nouvelles, le tribunal du domicile pourra charger de l'enquête, au moyen d'une commission rogatoire, le tribunal de la résidence de la personne qui a disparu (art. 1035 C. pr.)

Le jugement qui a ordonné l'enquête doit, aussitôt qu'il a été rendu, être expédié par le procureur impérial au ministre de la justice, chargé de le rendre public.

Le jugement définitif prononçant l'absence, ne pourra être rendu qu'une année après celui qui a ordonné l'enquête. Mais il est loisible au tribunal, d'ordonner, après cette année, une nouvelle enquête; enfin, il a un pouvoir discrétionnaire pour déclarer ou retarder l'absence (art. 117).

Le jugement de déclaration d'absence recevra la même publicité que le jugement qui a ordonné l'enquête (art. 118).

Cette publicité a lieu par la voie du *Moniteur*.

L'absence une fois déclarée, les personnes qui auront des droits subordonnés au décès de l'absent seront envoyées en possession des biens, comme si l'absent était réellement décédé; un seul cas excepté, celui où l'absent aura laissé un époux commun qui optera pour la continuation de la commu-

nauté : alors l'envoi en possession des intéressés
sera arrêté.

Cette époque de l'absence déclarée se subdivise
en deux périodes :

Première période. — Envoi en possession provisoire, qui ne confère aux envoyés que le droit d'administration, administration salariée, mais qui les
astreint à donner caution (art. 127. 120, 123).

Deuxième période. — Envoi en possession définitif, expression, comme nous le verrons, qui ne
doit pas être prise à la lettre. Il a lieu après un long
temps écoulé depuis ces administrations provisoires, ou bien lorsque cent années se sont écoulées
depuis la naissance de l'absent ; dès lors en effet sa
mort devient fort probable, les cautions sont déchargées (art. 129), et les envoyés peuvent aliéner
même les immeubles (art. 132). Notons que l'époux
commun ne peut pas mettre obstacle à l'envoi
définitif.

Tels sont les aperçus généraux sur la matière que
nous allons aborder.

DEUXIÈME SECTION.

De l'envoi en possession provisoire.

Les mêmes personnes que nous avons énumérées plus haut, comme étant intéressées à provoquer la déclaration d'absence, ont le droit de demander l'envoi en possession provisoire; elles ne peuvent voir leur droit compromis par l'inertie ou le mauvais vouloir des héritiers présomptifs; la loi suppose le cas le plus ordinaire, celui où les héritiers se présentent, mais les art. 120 et 123 n'ont rien de restrictif; d'ailleurs, lors même qu'on admettrait que l'envoi en possession provisoire au profit des héritiers est la condition indispensable des autres envois particuliers; et que le droit desdits héritiers embrassant l'universalité des biens, leur donne qualité pour répondre à toute prétention tendant à distraire à leur préjudice une partie de ces biens, il y a un moyen de tout concilier, c'est de mettre en demeure ces héritiers présomptifs (argument d'analogie tiré de l'art. 11 de la loi du 13 janvier 1817).

Les héritiers ainsi interpellés demandent-ils l'envoi en possession? alors tous les ayants droits obtiendront d'eux l'envoi en possession des biens qui leur appartiennent. Restent-ils au contraire dans l'inaction? le tribunal nommera un curateur, contre lequel sera dirigée la demande en délivrance.

Nous croyons cependant que le légataire universel pourrait agir directement, sans mise en demeure préalable, s'il avait la saisine de plein droit (art. 1006) ; il serait alors *loco heredis*, pourvu toutefois que son titre fût connu au jour de sa demande.

L'art. 120 paraît exiger deux jugements distincts ; telle semble être aussi l'opinion de Proudhon qui s'exprime ainsi : « Muni du jugement qui a « déclaré l'absence, l'héritier présomptif doit se « représenter par devant le tribunal qui l'a rendu, « pour en obtenir un autre qui l'envoie en posses « sion des biens de l'absent. » Cependant, si la qualité des héritiers n'est pas contestable (ce sont des enfants par exemple), nous pensons qu'alors la déclaration d'absence et l'envoi en possession auront lieu par un seul et même jugement ; c'est ce que suppose l'art. 860 C. pr., qui ne parle même pas du jugement de déclaration d'absence. Mais s'il s'élève des contestations sur la question de savoir quels sont les héritiers les plus proches, l'absence seule sera déclarée, sauf à retrancher ultérieurement la question de proximité.

Les héritiers présomptifs appelés à succéder provisoirement, sont ceux qui avaient la vocation au jour de la disparition ou des dernières nouvelles de l'absent (art. 120). C'est toujours à cette époque qu'il faut reporter la présomption de décès ; si l'on objecte que c'est supposer l'impossible, que l'absent n'a pas pu mourir le lendemain de sa disparition, nous répondrons qu'on ne pouvait s'attacher à une autre époque sans tomber dans l'arbitraire. Nous conclurons de là que si les héritiers les plus proches à cette époque étaient morts avant le jugement de déclaration d'absence, ils auraient transmis dans leur patrimoine, à leurs héritiers, voire même à un légataire universel, ce droit à l'envoi en possession. Supposons donc deux cousins héritiers les plus proches au jour de la disparition : l'un est mort peu de temps après, laissant deux enfants ; si le droit à l'envoi en possession n'avait pas été transmis dans sa succession, qu'arriverait-il? C'est que le patrimoine entier de l'absent passerait au cousin survivant, les enfants du prédécédé ne pouvant invoquer la représentation qui n'est pas admise dans l'espèce. Eh bien ! il n'en sera pas ainsi : le patrimoine se partagera, les deux enfants prendront la moitié qui leur a été transmise par leur père.

Il peut arriver qu'il y ait eu erreur dans le choix des envoyés ; les véritables ayants droits les plus proches au jour de la disparition, après avoir justifié leur prétention, réclameront les biens de l'absent en vertu d'une sorte de pétition d'hérédité qui leur permettra de revendiquer le bénéfice de l'envoi en possession contre ceux qui l'ont indûment obtenu, et de se faire restituer la masse des biens.

L'envoi en possession comprend les biens qui appartenaient à l'absent au jour de sa disparition ou de ses dernières nouvelles. C'est une masse qui se compose de tous les biens meubles et immeubles, de toutes les créances et des droits réels transmissibles. Il importe peu que les créances soient pures et simples, ou conditionnelles, ou à terme, car les droits conditionnels et à terme se transmettent également aux héritiers. La possession qu'aurait eue l'absent, et par conséquent le droit de prescrire, passera aussi aux envoyés.

Nous ferons observer que tous les fruits des biens de l'absent échus pendant la présomption d'absence jusqu'à l'envoi en possession, seront capitalisés pour être restitués à l'absent (art. 126). Les fruits de ces fruits capitalisés, et les fruits échus après l'envoi en possession, tomberont seuls sous l'application de l'art. 127. En effet, ils sont considérés comme le salaire d'une administration, qui ne commence qu'après la mise en possession des biens.

Quand il s'agit des intéressés autres que les héritiers, tels que le nu-propriétaire, le donateur avec clause de retour, on doit leur attribuer les fruits que la chose grevée d'usufruit et les objets donnés ont produits pendant la présomption d'absence ; c'est la conséquence de la fiction qui reporte tout règlement au jour de la disparition ou des dernières nouvelles ; à partir de cette époque les fruits doivent appartenir au propriétaire de la chose qui les a produits.

Nous appliquerons la même décision au légataire particulier, bien qu'on ait soutenu le contraire en s'appuyant sur l'art. 1014, qui ne lui accorde les fruits qu'à partir du jour de sa demande en délivrance; il nous semble en effet que cet article n'est pas applicable à notre hypothèse, où l'héritier ne peut, comme au cas de décès, garder les fruits en invoquant sa possession, et où le légataire est exempt de toute faute, ayant été dans l'impossibilité de former plus tôt sa demande en délivrance.

A partir de la disparition ou des dernières nouvelles, toute succession qui s'ouvre et à laquelle serait appelé l'absent s'il était présent, sera dévolue exclusivement à ses cohéritiers, qui repousseront toute prétention qui ne serait pas appuyée sur la preuve de l'existence de l'absent au moment de l'ouverture de cette succession; telle est la disposition des art. 135 et 136, qui ne sont que l'application du principe général édicté par l'art. 1315. Mais c'est là une faculté dont il est permis de ne pas se prévaloir. Si nous supposons que les cohéritiers, n'usant pas de ce droit rigoureux, aient admis l'absent au partage, que deviendra lors de la déclaration d'absence, cette part de la succession qui lui aura été attribuée provisoirement? Sera-t-elle donnée aux envoyés en possession provisoire, ou bien retournera-t-elle aux cohéritiers? Disons sans hésiter que ces derniers la reprendront : leur tolérance ne peut pas être retour-

née contre eux, il ne faut pas donner à leur géné-
rosité plus de portée qu'elle n'en a; en effet, s'il y
a eu abandon momentané en faveur de l'absent
dans la perspective d'un retour qui ne s'est pas
réalisé, il n'y a jamais eu de leur part renonciation
erga omnes.

Nous devons considérer les effets de l'envoi en
possession sous trois points de vue :

1° Dans les rapports des envoyés en possession
avec l'absent, en cas qu'il reparaisse ou qu'on ait
de ses nouvelles;

2° Dans les rapports des envoyés en possession
entre eux ;

3° Dans leurs rapports avec les tiers.

1° *Rapports des envoyés provisoires avec l'absent.* — La mort, bien que devenue plus probable,
n'est pas cependant certaine ; aussi le législateur
cherche-t-il à assurer la restitution des biens en cas
de retour de l'absent.

Les envoyés en possession provisoire doivent
fournir caution (art. 120 et 123). Cette obligation
est imposée à tous ; nous verrons plus tard qu'il
n'en est plus ainsi à l'égard de l'époux commun
qui opte pour la continuation de la communauté.
Cette caution sera reçue par le tribunal, et le ministère public examinera si elle offre les garanties
nécessaires. Elle doit remplir les conditions prescrites par les art. 2018 et 2019, et comme il s'agit

ici d'une caution légale, nous appliquerons l'art. 2041 : les envoyés pourront donc donner un gage en nantissement à la place du cautionnement qu'ils ne peuvent point fournir. Mais si, à raison de leur insolvabilité, ils ne présentent aucune de ces garanties, seront-ils déchus de leurs droits ?

M. Demolombe admet, dans cette hypothèse, l'application des art. 602 et 603 : « Ce que la loi « exige en effet, et ce qui est vraiment indispen- « sable, dit il, c'est que le patrimoine de l'absent « soit garanti ; le moyen ordinaire sans doute est « la caution , mais pourtant, à défaut de caution, « on reçoit un gage, une hypothèque (art. 2041). « Eh bien ! pourquoi donc, à défaut de gage et « d'hypothèque, n'aurait-on pas recours aux dis- « positions des art. 602 et 603 ? qu'importe, à cet « égard, le moyen quand le but est rempli ! »

Mais le but sera-t-il rempli, le patrimoine de l'absent sera-t-il pleinement garanti ? voilà ce qui ne nous paraît pas du tout démontré.

Nous comprenons tout ce que cette position des ayants droit, qui sont peut-être dans une profonde détresse, a de favorable ; mais ces considérations d'humanité ne permettent pas, néanmoins, d'ajouter à la loi, qui accorde l'envoi en possession aux intéressés, *à la charge par eux de donner caution pour la sûreté de leur administration;* c'est la condition *sine qua non,* condition rigoureuse peut-être au point de vue de ceux qui voient ainsi leur droit paralysé, mais qui s'explique si l'on songe que les intérêts de l'absent ne doivent pas être exposés à une perte que l'insolvabilité des envoyés rendrait irréparable ; et d'ailleurs la loi nous donne, dans d'autres matières, l'exemple de cette rigueur, quelque favorables que soient les circonstances. C'est ainsi qu'un créancier hypothécaire qui se présente pour user de son droit de surenchère, doit nécessairement donner caution (art. 2185, n° 5); il en est encore de même de l'étranger demandeur (art 16). Concluons de là qu'en règle générale, à défaut de caution ou de l'équipollent de l'art. 2041, l'exercice du droit est arrêté.

Les art. 602 et 603, il est vrai, font une exception en faveur de l'usufruitier; pourquoi donc, dira-t-on, ne pas les appliquer à notre matière ? Parce qu'il est de principe en droit que les exceptions s'interprétent d'une manière restrictive, qu'on ne doit pas les étendre d'un cas à un autre, surtout quand cette extension est repoussée par un texte formel, comme celui de l'art 120 dont les expressions: *à la charge par eux de donner caution pour la sûreté de l'administration*, indiquent que la caution est la condition indispensable de tout envoi, et que les règles du cautionnement légal doivent être appliquées dans toute leur rigueur.

On invoque l'analogie qui existe entre les droits

de l'usufruitier et de l'envoyé, mais elle n'est qu'apparente :

Le droit de l'usufruitier est un droit distinct et indépendant du droit de propriété, les intérêts du nu-propriétaire et de l'usufruitier sont donc opposés et rivaux.

Il en est autrement du droit des envoyés : ce droit prend sa source, en partie du moins, dans l'intérêt même de l'absent ; d'où il résulte que les intérêts de l'absent et des envoyés, loin d'être contraires, se combinent.

Cette différence dans les situations va amener des différences pratiques non moins graves; si nous appliquons les art. 602 et 603 à la matière de l'absence, nous allons arriver à des résultats tout à fait contraires au but que s'est proposé la loi ; les intérêts de l'absent vont être sacrifiés et les complications seront telles que l'administration des envoyés sera en fait impossible.

On comprend que le législateur, en matière d'usufruit, ait pu se contenter des mesures des art. 602 et 603, bien qu'elles ne protégent pas aussi énergiquement qu'une caution, car les dangers que court le nu-propriétaire ne sont pas très sérieux. Quel est en effet le pouvoir de l'usufruitier au point de vue de l'action? Il peut plaider pour lui-même et dans la limite de son droit; quoi qu'il fasse, le droit du nu-propriétaire reste donc intact. Les envoyés, au contraire, représentent l'absent en justice de la manière la plus complète, soit en demandant, soit en défendant (art. 134 et 817); la fortune entière de l'absent peut donc être compromise dans un procès: qu'on ne vienne donc pas parler d'analogie! Les immeubles seront donnés à bail; cette nécessité de recourir à un fermier, cette impossibilité de jouir par soi-même offrent peu de chances d'affermer à des conditions favorables; celui qui est obligé de louer ou de vendre, quoi qu'il arrive, se trouve en effet à la merci du public. Ce résultat fâcheux n'atteint en définitive que l'usufruitier, lui seul subit les conséquences de sa position qui ne lui permet pas de fournir caution; mais s'agit-il du cas d'absence? La perte va venir frapper également l'absent dans la proportion du loyer que lui réserve l'art. 127, il se verra même restreint, à son retour, à entretenir peut-être pendant plusieurs années encore (art 1429 et 1430), un bail ruineux, mais valablement fait par l'envoyé (art. 125 et 134), conséquence qu'il lui a été impossible d'éviter, n'ayant pas eu comme le nu-propriétaire qui se trouve sur les lieux, la ressource extrême de prendre le bail pour son propre compte et de se constituer ainsi fermier de ses propres biens.

Admettons même que l'impossibilité d'affermer nécessite le séquestre des biens; nous nous demandons alors à quel titre l'envoyé pourra réclamer

les fruits, comment il aura droit à un salaire pour
une administration dont il n'aura jamais eu le fardeau?

Voyons maintenant les complications qui vont
résulter de cet état de choses : le nu-propriétaire,
qui se trouve sur les lieux, sauvegardera ses intérêts, en n'agréant un fermier qu'avec toutes les conditions de solvabilité qu'il aurait rencontrées dans
la caution, dont ledit fermier tient en quelque sorte
la place ; en cas d'absence, au contraire, il est impossible au propriétaire absent de ratifier le choix
de l'envoyé, et cependant on ne peut laisser toute
liberté à l'envoyé, qui, à raison de son insolvabilité,
n'offre aucune garantie contre les suites de sa mauvaise gestion ; la justice devra donc intervenir et
ratifier tous les baux faits par l'envoyé.

L'intervention de la justice sera également nécessaire dans tous les cas où un débiteur de l'absent voudra se libérer, car les sommes dues ne peuvent évidemment être remises à l'envoyé, sans
compromettre les intérêts de l'absent. Alors, dit-on,
le tribunal devra décider que l'envoyé ne recevra
les fonds qu'à la charge d'en faire emploi. Mais
de deux choses l'une, ou les débiteurs resteront
responsables du défaut d'emploi, ce qui serait
une aggravation de leur obligation, nulle part
permise par la loi ; ou bien l'envoyé seul en sera
chargé sous sa responsabilité, ce qui ne donnera à

l'absent qu'un recours illusoire. Si l'on admet que le tribunal pourra, du moins, ordonner le dépôt à la caisse des dépôts et consignations, alors nous ne sommes plus dans les termes des art. 602 et 603 ; ce n'est plus là une mesure prescrite en matière d'usufruit, c'est faire de l'arbitraire.

En présence d'un envoi qui amènerait des difficultés sans nombre, nous ne voyons donc aucune nécessité d'abandonner le régime de la présomption d'absence, qui offre, il est vrai, les inconvénients dont nous venons de parler au point de vue de l'administration, mais qui du moins a l'avantage de conserver le patrimoine de l'absent dans son intégrité.

Nous dirons donc, en résumé, que les art. 602 et 603 sont inapplicables à la matière de l'absence ; la caution est le moyen de satisfaire au vœu de la loi, qui, selon les expressions de M. Demolombe : *« exige, ce qui est vraiment indispensable, que le patrimoine de l'absent soit garanti. »*

Avec ce système les envoyés vont être sacrifiés, et cependant, dira-t-on, l'envoi est également dans leur intérêt. Nous admettons cette conséquence rigoureuse, les envoyés ne pourront s'y soustraire tant qu'ils n'invoqueront que les art. 602 et 603. Mais il nous semble qu'ils pourront puiser dans l'art. 2041 un moyen d'exercer leur droit; voici comment ils raisonneront : nous avons droit à une portion des fruits et revenus des biens de l'absent, ce droit nous est acquis dès à présent et nous pourrions évidemment en disposer au profit d'un tiers. Eh bien! nous proposons d'affecter ces fruits en nantissement pour sûreté de notre administration, ils seront la garantie de l'absent contre les suites de notre mauvaise gestion. Ce système, qui s'appuie sur les termes et l'esprit de l'art. 2041, a l'avantage de sauvegarder les intérêts de tous, de respecter les droits de chacun ; le tribunal qui l'admettra, devra ordonner que le prix des baux, les intérêts des capitaux, le prix provenant de la vente du mobilier et les sommes payées par les débiteurs, seront déposés à la caisse des dépôts et consignations.

Les envoyés en possession doivent faire procéder à l'inventaire du mobilier et des titres de l'absent (art. 126) ; ce sont là, en effet, de ces choses faciles à faire disparaître, et dont il est utile de constater l'existence. Le même art. 126 nous présente comme seconde mesure, tendant à assurer la restitution des biens à l'absent, la vente de tout ou partie du mobilier *s'il y a lieu*, c'est le tribunal qui appréciera. On ne veut pas interdire toute vente du mobilier, il est des ventes qui sont nécessaires à toute bonne administration. Mais la loi se défie ici de l'empressement des envoyés qui auraient eu souvent trop de tendance à transformer en capitaux productifs, tombant sous l'application de l'art. 127, des meubles dont la conservation importerait beaucoup à l'absent. Tout dépendra des circonstances.

C'est également le tribunal qui statuera sur le mode le plus convenable de faire la vente du mobilier, sur la manière de faire l'emploi du prix et des fruits échus (art. 126) ; sur toutes ces questions le silence de la loi laisse toute latitude aux juges.

Quant à la visite des immeubles (art. 126), c'est une mesure facultative, toute dans l'intérêt des envoyés en possession provisoire, pour leur éviter des contestations avec l'absent de retour ; les frais de cet état étant occasionnés par l'absent, sont mis à sa charge (art. 126, *in fine*) ; à plus forte raison en dirons-nous autant des frais des autres mesures qui sont exclusivement dans l'intérêt de l'absent.

La possession provisoire n'est qu'un *dépôt*, dit l'art. 125 ; c'est là une expression inexacte : le dépositaire ne reçoit que des choses mobilières, qu'il doit conserver, sans avoir le droit de s'en servir ; ici, au contraire, l'envoyé prend en main tous les biens de l'absent, quelle que soit leur nature, il en retire une certaine utilité, et même des fruits lui sont attribués (art. 127). Le législateur a voulu simplement indiquer que ceux qui obtiennent la possession, ne sont que des administrateurs, des comptables, qui détiennent une masse sujette à restitution si l'absent reparaît. Cet art. 125 nous offre un cas de mandat salarié (art. 1986 comb. avec 127).

Les envoyés provisoires, administrateurs des biens de l'absent, sont obligés comme tels de passer des baux dans les limites des art. 1429, 1430 et 1718 ; s'ils laissaient les biens vacants, ils deviendraient responsables vis-à-vis de l'absent dont les intérêts seraient compromis.

Ils doivent faire toutes les réparations, de quelque nature qu'elles soient ; il n'y a lieu de distinguer entre les grosses réparations et les réparations d'entretien (art. 606), que lorsqu'il s'agit de savoir qui doit, en définitive, les supporter ; les premières sont, pour le tout, à la charge de l'absent (art. 605) ; les secondes sont payées par l'absent et par l'envoyé, proportionnellement à la portion des fruits restituée à l'un et conservée par l'autre (art. 608 et 127).

Toujours comme conséquence de leur qualité, les envoyés doivent recevoir les capitaux dus à l'absent, non-seulement par des tiers, mais par eux-mêmes; ils sont tenus d'en faire le versement. Ces valeurs, comme celles provenant de la vente du mobilier, doivent être également placées et ne pas rester improductives.

Représentants et mandataires de l'absent, il est naturel de voir l'art. 128 leur interdire toute aliénation immobilière et comme conséquence le droit d'hypothéquer ; car il est de principe que ceux-là seuls qui peuvent aliéner, peuvent, en général, hypothéquer (art. 2124).

Nous n'en reconnaissons pas moins aux tribunaux le droit d'autoriser soit la vente, soit l'emprunt avec hypothèque dans le cas d'impérieuse nécessité. Il s'agit, par exemple, d'un bâtiment qui menace ruine, si l'on n'y fait promptement de grosses réparations; en pareille hypothèse, la justice aurait, pendant la présomption d'absence, en vertu de l'art. 112, plein pouvoir pour ordonner ce que les circonstances exigent; eh bien ! pour quel motif affaiblirait-on sa puissance après la déclaration d'absence? Nous ne pouvons croire à une prohibition si rigoureuse, qui compromettrait souvent les intérêts de ceux que la loi veut protéger. D'ailleurs, n'est-ce pas de cette hypothèque permise par les tribunaux que nous parle l'art. 2126 ? On n'a, pour s'en convaincre, qu'à lire la rubrique de la section III du chapitre III des hypothèques; on voit qu'on y traite de l'hypothèque conventionnelle. Gardons-nous donc de croire que, lorsque l'art. 2126 parle de jugements, il fait allusion à l'hypothèque judiciaire, sur laquelle aucun doute ne peut s'élever et qui résultera toujours des jugements portant condamnation (art. 2123) contre l'absent, en la personne de ses représentants, (art.

134). Bien que l'art. 2126 parle cumulativement des absents, des mineurs et des interdits, observons que les expressions « *pour les causes et dans les formes,* » ne sont applicables qu'aux mineurs et interdits ; pour les absents, rien de pareil aux règles édictées par les art. 457 et 509 ; à leur égard on s'appuie sur le principe que la justice peut habiliter les mandataires légaux, quand les circonstances l'exigent. En pareille matière, le tribunal statuera dans la chambre du conseil, sur les conclusions du ministère public.

L'aliénation des immeubles seuls est prohibée par l'art. 128 ; que décider à l'égard des aliénations mobilières ?

Le législateur n'en a rien dit, sachant parfaitement qu'il ne pouvait, à cet égard, poser de règles absolues ; il y a, en effet, des aliénations mobilières qui sont la conséquence d'une bonne administration ; un administrateur intelligent ne doit-il pas évidemment vendre les récoltes et tous les meubles sujets à une dépréciation rapide? L'envoyé pourra donc faire les aliénations mobilières considérées comme des actes d'administration ; les tribunaux apprécieront. Toute autre aliénation, sans autorisation de justice, le rendrait responsable vis-à-vis de l'absent qui pourrait critiquer cet acte fait sans pouvoir, sauf, bien entendu, en ce qui concerne les tiers acquéreurs de bonne foi, l'application de l'art. 2279.

Le partage est permis aux envoyés en possession provisoire; l'art. 817 leur donne même le droit de le provoquer ; ne trouvant aucune bonne raison pour soumettre l'exercice d'une action quelconque à une condition dont l'action en partage est affranchie, nous en conclurons que leurs pouvoirs sont plus étendus que ceux du tuteur ; représentants plus complets, il n'y a pas à distinguer, quant à eux, entre l'attaque et la défense, qu'il s'agisse de droits immobiliers (art. 464), qu'il s'agisse de partage (art. 465). Il est vrai que l'art. 134 ne semble conférer aux envoyés que le pouvoir de défendre aux actions; mais, comme le dit Merlin, le pouvoir de les intenter est compris dans l'envoi en possession des biens (art. 120) ; car les *biens* renferment les droits et actions, et la possession des droits et actions consiste précisément dans leur exercice.

Dans un autre système, on exige l'autorisation du tribunal qui remplace l'autorisation du conseil de famille (art. 465) ; il faut empêcher, dit-on, que l'envoyé, en soutenant mal son procès, ne puisse éluder la disposition de l'art. 128, qui prohibe toute aliénation immobilière. Mais cette autorisation préalable nous paraît tout à fait surabondante ; cet examen peu approfondi auquel se livrerait le tribunal, ne serait pas une meilleure garantie contre les fraudes que la procédure engagée devant lui sous les yeux du ministère public.

Ce qui sera jugé contre les envoyés le sera également contre l'absent, à moins qu'il n'y ait eu collusion: alors aurait lieu à son profit la tierce-opposition. En qualité de mandataires légaux, les envoyés ne seront pas personnellement condamnés aux dépens; toutefois, le tribunal, considérant qu'ils ont compromis les intérêts de leur administration, pourrait leur faire l'application de l'art. 132 C. proc.

Les envoyés ne peuvent point transiger, ce pouvoir n'appartenaient qu'à ceux qui ont la capacité de disposer des objets compris dans la transaction (art. 2045 comb. avec 128); à plus forte raison n'ont-ils pas le pouvoir de compromettre, acte bien plus grave, qui ne résulte pas même du pouvoir de transiger (art. 1989). Cependant le tribunal pourrait, dans certaines circonstances, afin d'éviter un procès désastreux, autoriser la transaction en prenant des précautions analogues à celles de l'art. 467.

Sur toutes les questions relatives aux pouvoirs des envoyés en possession provisoire, nous dirons, en résumé, que les envoyés peuvent faire, au nom de l'absent, tout ce que le tuteur fait valablement au nom du mineur; que les limitations apportées par la loi aux pouvoirs des tuteurs doivent être appliquées aux pouvoirs des envoyés, en remplaçant

l'autorisation du conseil de famille par l'autorisation du tribunal ; d'où nous conclurons qu'ils ne
peuvent, sans autorisation, acquiescer à une demande relative aux droits immobiliers (art. 464) ;
que ce n'est que sous cette condition qu'il leur est
permis d'accepter ou de répudier une succession
échue à l'absent avant sa disparition (art. 461),
acceptation qui devra être faite sous bénéfice d'inventaire (art. 461 et 776).

N'oublions pas toutefois que les envoyés en possession, peut-être en réalité les seuls intéressés, ne
sauraient, en tous points, être assimilés au tuteur,
et que leur vocation éventuelle et probable à la possession définitive explique les pouvoirs plus étendus que la loi leur donne, au point de vue de
l'exercice des actions (art. 134 comb. avec 817).

La prescription ne court pas contre l'absent au
profit des envoyés ; qu'il s'agisse de la prescription
acquisitive d'un immeuble à lui appartenant, qu'ils
possèdent, qu'il s'agisse de la prescription libéra-
toire, administrateurs tenus d'intenter toutes les
actions, ils ont dû interrompre contre eux-mêmes :
debuerunt a semetipsis exigere ; leur qualité les
rendant responsables de l'accomplissement de toute
prescription, on ne saurait les admettre à causer
eux-mêmes à l'absent un préjudice dont ils doivent
le garantir.

Si, à l'inverse, l'absent était débiteur des envoyés, la prescription serait suspendue, car il est de principe que la prescription ne court pas contre les administrateurs d'une masse dont ils sont créanciers; leur position est analogue à celle de l'héritier bénéficiaire (art. 2258); comme lui, ils sont nantis des valeurs qui constituent leur gage, et n'éprouvent aucune inquiétude pour le paiement de leur droit; cette sécurité, à l'égard de leur créance, nous fait comprendre pourquoi ils n'ont pas intenté l'action et écarte toute idée de négligence.

Après avoir passé en revue les différentes mesures organisées dans l'intérêt de l'absent, voyons quel est l'avantage accordé par la loi aux envoyés en possession provisoire.

Le législateur, en leur attribuant une portion des fruits, en vertu de l'art. 127, n'a pas pris seulement en considération leur qualité de mandataires salariés, car ce serait là un émolument par trop considérable ; il a fait surtout entrer en ligne de compte leur position de possesseurs de bonne foi; en effet, les envoyés se trouvent dans une situation qui les porte à se croire, en quelque façon, déjà propriétaires; bien que la loi leur dise qu'ils ne sont que des administrateurs comptables, ils ne s'en considèrent pas moins en fait comme des envoyés définitifs. Ils croient peu à la possibilité d'une restitution, et sous l'empire de cette illusion, ils vont toujours augmentant leurs dépenses , *lautius vivendo*. Il fallait donc les prémunir contre les suites de leur imprévoyance et leur donner la plus grande partie des fruits, car une restitution trop considérable aurait infailliblement amené leur ruine.

En présence de ce motif de la loi, nous déciderons que l'absent de retour aura droit à tous les fruits non encore récoltés ; dans cette hypothèse, les envoyés n'ont aucun compte à rendre, ils n'éprouveront aucun préjudice puisque les fruits ne sont pas dépensés , qu'ils sont encore attachés au sol. Il n'y a donc aucune raison pour repousser l'absent qui invoque les principes généraux du droit , d'après lesquels le propriétaire a droit aux fruits qui couvrent son immeuble (art. 520, 547, 585, 549). L'art. 127, en permettant de conserver les fruits, de ne pas les *rendre*, n'indique-t-il pas évidemment qu'ils ont déjà été recueillis ? La même théorie, selon nous, est applicable aux fruits civils, le principe de leur acquisition successive et jour par jour (art. 586), n'existe pas dans notre matière ; l'absent, de retour, prendra donc tous les loyers, fermages, intérêts et arrérages de rentes (art. 584), qui, bien qu'échus, n'auront pas été encore payés.

Auront droit à l'attribution des fruits, non-seulement les héritiers présomptifs , mais encore les légataires, les donataires de biens à venir, les donateurs avec clause de retour, les appelés, l'époux commun, en un mot, tous ceux qui ont exercé des droits subordonnés au décès de l'absent ; c'est ce qui résulte de ces expressions larges : « *à ceux qui, par suite de l'envoi provisoire ou de l'administra- tion légale, auront joui des biens de l'absent,* » (art. 127).

A propos du dernier alinéa de l'art. 127, on a soutenu que les trente ans courent à partir de la déclaration d'absence, mais c'est peu probable en présence des alinéas précédents, qui prennent pour point de départ la disparition ou les dernières nou- velles. Rien ne justifierait un pareil changement qui n'aurait aucune utilité ; à quoi, en effet, pour- rait servir cette attribution de la totalité des fruits, trente ans après la déclaration d'absence, alors qu'a lieu l'envoi définitif ? C'est là une variante de style, le mot *absence* est générique ; il s'applique souvent et à l'absence déclarée et à la présomption d'ab- sence ; la rubrique de la section II l'emploie dans ce sens large, la preuve en est dans l'art. 136, qui n'exige qu'une seule chose, que ce soit un *individu dont l'existence n'est pas reconnue*, expressions qui, évidemment, s'appliquent aussi au simple pré- sumé absent. On voit d'ailleurs la pensée du lé- gislateur ; il attribue la totalité des fruits après trente ans, et il divise ce laps de temps en deux parties égales, accordant les 4/5 en deçà, les 9/10 au delà de quinze ans. La portion des fruits attribuée aux représentants de l'absent est d'autant plus considérable que les probabilités de vie diminuent.

Notons que l'art. 127, en disant que la restitution du cinquième ou du dixième des fruits sera faite à l'absent lui-même, prévoit le cas le plus ordinaire. Cette restitution pourra avoir également lieu au profit des héritiers de l'absent les plus proches, *die mortis probatæ*, dans les termes de l'art. 130.

Sur la masse les fruits on doit tout d'abord prendre les frais de réparations, d'entretien et d'exploitation, le paiement des contributions ; c'est sur l'excédant qu'on fera les retenues de l'art. 127. Quant aux grosses réparations, elles sont supportées par le capital.

Nous avons toujours raisonné dans l'hypothèse de la bonne foi ; dans le cas contraire, les envoyés n'auraient aucun droit aux fruits.

2° Rapports des envoyés les uns avec les autres. — Les cohéritiers peuvent provoquer le partage des biens de l'absent, nous verrons plus tard que l'art. 129 ne dit rien de contraire. S'il se trouve un bien impartageable, il faudra procéder à la licitation, mais les étrangers en seront exclus, car les biens de l'absent ne peuvent être aliénés (art. 128). Tous les arrangements qu'ils pourront faire entre eux , ne seront pas frappés de nullité , sous prétexte que les pactes sur une succession future sont nuls (art. 791, 1130, 1600), car ils ne font qu'exercer des droits subordonnés au décès, ce que permet l'art. 123.

Que déciderons-nous relativement au rapport ? Les héritiers envoyés en possession ont reçu des libéralités de l'absent, les rapporteront-ils, suivant les règles des art. 843 et suiv. ?

Il est hors de doute que ces règles doivent être appliquées dans de certaines limites. Pas de difficulté dans le cas où un des héritiers aurait reçu un legs de l'absent, il doit être laissé dans la masse : le droit ne peut être exercé que tel qu'il se trouve réglé par le testament ; or, la dispense de rapport n'y est pas exprimée.

Mais l'embarras commence quand il s'agit de donations entre vifs ; les valeurs données ne sont plus alors dans le patrimoine de l'absent, nous venons nous heurter contre le texte de l'art. 120, qui ne parle que de l'envoi « *des biens qui appartenaient à l'absent au jour de son départ ou de ses dernières nouvelles.* » En prenant cet article même à la lettre, on ne pourrait pas, selon nous, éviter l'application des règles du rapport en *moins prenant.* On dira au donataire : on ne demande pas à s'emparer des valeurs données ; mais on exige que vous, qui réclamez un droit sur la masse, vous ne puissiez agir que conformément aux règles des successions. Allant plus loin, nous forcerions le donataire d'immeuble au rapport en nature (art. 859) ; ici, il est vrai, peut se présenter une difficulté, car le donataire va dire : « Vous ne pouvez mettre la main sur un bien qui m'appartient ; j'admets que vous restreigniez mon droit par voie d'exception, fondée sur l'égalité et l'équité, mais je nie votre prétention quand vous voulez faire résoudre mon droit de propriété, et faire rentrer mon immeuble dans la masse. » Son argumentation tout entière roule, comme on le voit, sur le texte de l'art. 120 : l'immeuble donné, en effet, n'appartenait plus à l'absent au jour de sa disparition. Nous n'en persistons pas moins à appliquer toutes les règles du rapport, et nous répondons que, du moment que les héritiers invoquent un droit provisoire de succession, ils doivent subir les conséquences de leur prétention et se soumettre à l'observation provisoire de toutes les règles. S'ils ne voulaient pas effectuer le rapport, que ne restaient-ils à l'écart ?

Examinons ici la question de savoir ce qui arrivera s'il y a eu erreur dans l'envoi provisoire: ceux qui ont obtenu la possession des biens, au préjudice d'héritiers plus proches au jour de la disparition ou des dernières nouvelles de l'absent, conserveront-ils tous les fruits comme possesseurs de bonne foi, ou bien, simples administrateurs salariés, n'auront-ils droit qu'à la portion fixée par l'art. 127?

Notre hypothèse n'est plus celle de l'art. 130 où le décès est prouvé et où la restitution est faite aux représentants de l'absent comme à l'absent lui-même, avec la retenue des fruits de l'art. 127. Ici, les envoyés n'ont aucun droit, ils ont indûment été mis en possession, les véritables ayants droit exercent une espèce de pétition d'hérédité qui amènera nécessairement la restitution des biens, à moins que l'indue possession n'ait duré trente années, cas auquel la prescription serait accomplie; en effet, la possession n'est précaire qu'à l'égard de l'absent (art. 132); vis-à-vis de tous autres, les enfants et descendants de l'absent seuls exceptés (art. 133), elle réunit toutes les conditions requises pour prescrire. Eh bien! revenant à notre question, demandons-nous si, dans cette situation, les envoyés apparents évincés pourront seulement opposer aux ayants droit véritables la retenue de l'art 127; ou bien, si, en argumentant de leur bonne foi, ils auront droit à la totalité des fruits, aux termes de l'art. 549? On comprend, au reste, que la question n'offre d'intérêt qu'en supposant que moins de trente années se sont écoulées depuis la disparition ou les dernières nouvelles; car, après

ce laps de temps, la totalité des fruits leur est attribuée même aux termes de l'art. 127.

Nous admettons, contrairement à la pratique,
que ces envoyés apparents sont des possesseurs de
bonne foi de l'envoi en possession, mandataires
légaux de l'absent qu'ils savent pouvoir reparaître
d'un moment à l'autre; ils ne sont nullement représentants des véritables ayants droit à l'envoi; vis-
à-vis de ces derniers, leur position nous paraît être
la même que celle de l'héritier apparent en présence de l'héritier réel qui intente la pétition d'hérédité; en conséquence nous appliquons à notre hypothèse la décision de l'art. 138 comb. avec 549.

Il en est autrement quand l'époux administrateur vient à mourir ou à abdiquer son droit, la restitution qui se fait alors à ceux dont les droits
avaient été suspendus, doit avoir lieu en vertu de
l'art. 127; en effet l'époux a traité avec eux, c'est
en leur nom qu'il possède; lorsque l'époux sera des-
saisi de l'administration légale par suite de l'envoi
définitif, le plus souvent la totalité des fruits lui
appartiendra; le dernier alinéa de l'art. 127 sera
applicable, à moins qu'on ne se trouve dans le cas
exceptionnel où l'envoi définitif est prononcé à
raison de l'âge de l'absent (art. 129).

3° *Rapports des envoyés envers les tiers.*—L'envoi
en possession représente une sorte d'ouverture pro-

visoire de la succession, c'est pour cela que nous avons dit que les biens seraient partagés entre les différents ayants droit dans les limites de leur part héréditaire ; en conséquence le passif doit être supporté dans les mêmes proportions, les créanciers de l'absent verront donc leurs créances se diviser ; et les titres exécutoires qu'ils pourraient avoir devront être notifiés huit jours avant leur mise à exécution (art. 877.)

Toujours, par suite de cette analogie entre l'absence déclarée et le cas de décès, l'enregistrement astreint les envoyés à payer les droits de mutation dans le délai de six mois depuis l'*envoi en possession* (art. 24, loi du 22 frimaire an VII). Cette expression équivoque donnait aux parties le droit de prétendre qu'il s'agissait de l'envoi définitif ; c'est pour faire cesser toute difficulté à cet égard que le point de départ des six mois a été formellement fixé au jour de l'envoi en possession provisoire par l'article 40 de la loi du 28 avril 1816.

Gardons-nous cependant de pousser cette assimilation trop loin, sous peine de tomber dans de graves erreurs. Nous faisons de l'envoyé un représentant en ce sens qu'il a capacité pour défendre à toutes les actions intentées contre l'absent et pour exercer toutes celles que l'intérêt du patrimoine réclame (art. 134). Mais nous ne croyons pas devoir aller jusqu'à dire qu'il représente, qu'il continue la personne de l'absent, comme l'héritier continue la personne du défunt; nous ne le soumettons pas à l'obligation de payer les dettes *ultra vires*; son rôle, selon nous, est celui d'un héritier bénéficiaire. Cela ne semble-t-il pas résulter des termes de l'article 125, qui ne donne à l'envoyé que les pouvoirs d'un administrateur? Sur quel motif s'appuierait-on pour lui faire payer les dettes *in infinitum*, puisqu'il est astreint à faire un inventaire qui constatera l'actif de cette espèce de succession, et qui donnera toute sécurité aux intéressés? Il est vrai que notre Code civil exige une déclaration formelle au greffe, mais cette exigence, inconnue dans les pays de droit écrit, n'est qu'un souvenir des idées subtiles du droit coutumier sur la continuation de la personne du défunt, que nous ne devons pas étendre à notre matière où, nous le répétons encore, il n'y a qu'une image imparfaite de succession.

Nous conclurons de ce qui précède, que l'envoyé ne sera tenu vis-à-vis des créanciers que sur les biens provenant de l'absent, et nullement sur les siens propres. Nous n'admettons pas l'opinion de ceux qui veulent qu'il soit tenu même sur ses biens personnels, jusqu'à concurrence des valeurs recueillies dans le patrimoine de l'absent, à l'exemple de la femme commune qui a fait inventaire la situation de cette dernière, en effet, est bien différente; dans une association qui lui donnait droit aux bénéfices, quelque considérables qu'ils fussent, c'était déjà une grande faveur pour elle de voir ses chances de perte restreintes à son émolument, bien que, dans cette limite, la dette frappât même ses propres biens; la femme, en second lieu, a accepté la communauté en connaissance de cause, éclairée par l'inventaire qu'elle a pu et qu'elle a dû faire. L'envoyé en possession, au contraire, est dans l'ignorance la plus complète, puisque le jugement qui ordonne l'envoi en possession précède l'inventaire. Ne serait-ce pas dès-lors une opinion bien rigoureuse, que celle qui permettrait aux créanciers de le poursuivre même sur ses propres biens, dès le lendemain de l'envoi en possession?

Les biens de l'envoyé n'étant pas confondus avec ceux de l'absent, les créanciers de ce dernier n'ont nullement besoin de recourir à la séparation des patrimoines, pour éviter le concours des créanciers de l'envoyé; leur position sera ce qu'elle était avant le départ de leur débiteur, ses biens resteront leur gage exclusif.

L'envoyé en possession provisoire peut vendre, céder de quelque manière que ce soit les droits et espérances qu'il a sur les biens de l'absent; c'est un contrat aléatoire dont chacune des parties court les chances; si l'absent reparaît, l'acquéreur, obligé de restituer, perdra son prix; dans le cas contraire, l'envoyé sera en perte, car la vente aura toujours été faite à des conditions bien défavorables sous l'empire de pareilles éventualités.

Mais si l'envoyé a vendu le bien de l'absent comme lui appartenant, quel sera le sort de cette aliénation *inter partes* ?

Il est évident que l'envoyé ne peut pas demander la nullité de la vente; tenu de la garantie, il ne peut être l'auteur de l'éviction : « *quem de evictione tenet actio eumdem agentem repellit exceptio* ». L'acheteur, au contraire, peut très bien briser un contrat qui n'a pas réalisé ses espérances, qui ne lui a pas donné une propriété irrévocable; il lui est permis de sortir de cette position incertaine, en faisant subir à l'envoyé toutes les conséquences de la garantie. Mais nous supposons l'acquéreur de bonne foi ; dans le cas contraire, il ne peut se plaindre ayant connu la situation, sauf, s'il est évincé plus tard par l'absent, son recours contre l'envoyé pour la restitution du prix. Quoi qu'il en soit, cet acquéreur pourra toujours prescrire par trente ans (art. 2262), et même ayant un titre, s'il est de bonne foi, la prescription s'accomplira par vingt ans et même par dix ans (art. 2265), si l'hypothèse d'un absent, toujours resté dans le ressort de la cour, pouvait se présenter.

Quant à l'hypothèque concédée sur un immeuble de l'absent, elle sera soumise aux mêmes éventualités que le droit de l'envoyé (art. 2125); mise à néant par le retour de l'absent, elle aura été valable *ab initio*, si le droit de l'envoyé se trouve consolidé; bien entendu, en supposant que le créancier lui ait donné rang par l'inscription, mesure conservatoire qu'il peut toujours accomplir, nonobstant l'incertitude de son droit (art. 1180).

Les créanciers personnels des envoyés devront ajourner toute poursuite en expropriation forcée sur les biens de l'absent, jusqu'à l'envoi définitif. Il est bien vrai qu'ils auraient le droit de vendre avec toutes ses chances le bénéfice de l'envoi en possession, il n'y a rien là d'attaché exclusivement à la personne du débiteur (art. 1166). Mais tout ce qui est cessible, n'est pas susceptible d'expropriation forcée; l'art. 2204 nous donne une énumération restreinte, limitative, où nous ne voyons pas figurer le droit des envoyés en possession, pas plus qu'une action immobilière, et une part indivise de biens héréditaires (art. 2205), droits qu'on peut parfaitement vendre, céder, mais qui, à raison de leur incertitude, ne produiraient, par suite d'expropriation forcée, qu'un prix bien peu avantageux.

La prescription court contre l'absent au profit des tiers qui possèdent des biens à lui appartenant, ou qui sont ses débiteurs, car l'absence ne fait point obstacle à la prescription qui court contre toutes personnes , à moins d'une exception que nous ne trouvons nulle part dans notre Code (art. 2251); mais les causes ordinaires de suspension, la minorité et l'interdiction (art. 2252), sont applicables ici comme dans toute autre matière. La difficulté consiste à savoir si l'on doit considérer la personne de l'absent, ou la personne de l'envoyé ?

Il faut distinguer : tant que la situation se maintient, la personne de l'envoyé seule se trouve en jeu. Est-il majeur ? La prescription courra. Pour invoquer la minorité de l'absent, il lui faudrait dénier la présomption de mort, seule base de son titre, et prouver l'existence de celui qui a disparu. Est-il au contraire mineur ? il y aura suspension ; si le tiers veut exciper de la majorité de l'absent, qu'il prouve l'existence de l'absent ! Jusque là il se trouve en présence de l'envoyé dont la personne seule doit être prise en considération, étant *loco heredis*.

Mais si l'absent revient, ou s'il meurt laissant à l'époque du décès constaté d'autres héritiers, c'est alors soit la personne de l'absent, soit la personne de ces héritiers qu'on devra considérer ; les apparences s'évanouissent, la réalité apparaît : *plus est in veritate quam in opinione*, et la prescription aura couru ou aura été suspendue, selon que les véritables ayants droit auront été majeurs ou mineurs.

Certains auteurs vont même jusqu'à permettre à ces ayants droit d'invoquer non-seulement les causes de suspension qui leur sont personnelles, mais encore celles qui existaient dans la personne des envoyés en possession ; elles raisonnent ainsi : les envoyés en possession étant responsables des prescriptions qu'ils laissent accomplir, il faut bien, si l'on veut qu'ils soient protégés par leur minorité, arrêter le cours d'une prescription dont les suites en définitive retomberaient sur eux.

Nous avons soumis les cohéritiers entre eux au rapport en nous appuyant sur cette considération que du moment qu'ils invoquent un droit provisoire de succession, ils doivent en subir provisoirement toutes les règles. Mais la question devient bien plus grave quand il s'agit de réduction : on s'attaque alors à des étrangers qui n'invoquent pas le bénéfice de la succession. Ce motif nous fait pressentir que la difficulté ne portera pas sur la réduction des legs ; en effet, le légataire invoquant lui-même la présomption de décès, doit se soumettre aux conséquences de ses prétentions. Mais quand, à l'occasion de donations entre vifs, il s'agira d'aller chercher les biens donnés entre les mains des donataires et même des tiers acquéreurs (art. 930) , les réservataires pourront-ils provisoirement exercer l'action en réduction ? La plupart des auteurs rejettent l'affirmative, comme trop contraire au texte des art. 120, 125, 126 et 127 qui parlent toujours *des biens de l'absent*. On comprend le rapport, disent ces auteurs, en se fondant sur cette considération que les héritiers s'y sont volontairement soumis; mais, dans notre hypothèse, il n'y a rien de semblable, les donataires ne demandent que leur tranquillité; nulle présomption de mort de l'absent n'est par eux invoquée. Ils fortifient encore leur doctrine en faisant remarquer que l'époux commun en biens et présent, qui joue également le rôle d'un tiers en société, avec un droit particulier sur les biens de l'absent, peut s'opposer à l'envoi en possession qui préjudicierait à ses droits, en demandant le maintien du *statu quo* : ne voyez-vous pas là, nous disent-ils, se révéler l'esprit de la loi, qui s'oppose, tant que la preuve du décès n'est pas fournie, à ce que l'envoi provisoire puisse nuire aux tiers à qui l'absent a concédé des droits?

Cette théorie est séduisante; mais elle nous embarrasse fort quand nous songeons qu'au nombre des personnes qui ont des droits subordonnés au décès de l'absent, nous avons indiqué le nu-propriétaire dont l'usufruit appartient à l'absent : ce nu-propriétaire, avons-nous dit, peut exercer son droit et reprendre cette jouissance qui s'éteint provisoirement. Eh bien ! supposons qu'avant sa disparition l'absent ait cédé son usufruit, comme il en avait le droit aux termes de l'art. 595, quelle sera la situation du nu-propriétaire? Il ne peut pas évidemment soutenir que le bien est dans le patrimoine de l'absent ; il se trouve en face d'un tiers, le cessionnaire, qui va lui tenir le même langage que le donataire qui cherche à échapper à la réduction. Cependant tout le monde admet que le nu-propriétaire pourra exercer son droit ; sans cela celui qui serait sur le point de faire un voyage périlleux, ajournerait indéfiniment le droit du nu-propriétaire en aliénant avant de partir son usufruit, résultat inadmissible ; il ne peut lui être permis d'aggraver ainsi, à son gré, la position du nu-propriétaire ; la cession a eu lieu avec toutes ses chances.

Supposons une donation faite avec clause de retour (art. 951 et s). L'absence du donataire étant déclarée, le donateur exercera son droit provisoirement. *Quid* si les biens ont été aliénés ? alors se présente la même question. Nous en dirons autant relativement aux biens grevés de substitution, en cas de déclaration d'absence du grevé. Dans la première hypothèse, le donateur, dans la deuxième, les appelés diront aux acquéreurs : « Les biens n'ont pu être aliénés qu'avec les charges qui les frappaient. »

Quant à la faculté extraordinaire accordée à l'époux commun, c'est un droit exorbitant dont on ne peut argumenter ; pour s'en convaincre, on n'a qu'à se reporter à tout autre régime que celui de la communauté, et l'on verra que l'époux n'a plus le droit d'arrêter l'envoi en possession provisoire, quel que soit son intérêt : ainsi le mari sous le régime dotal sera obligé de restituer la dot, et cependant l'intérêt qu'il aurait à la conserver est de la dernière évidence.

Il faut donc reconnaître que si, dans les trois exemples cités plus haut, la restitution doit avoir lieu, elle doit également s'opérer quand il y a des réservataires, à l'égard des biens donnés, pour tout ce qui excède la quotité disponible : l'absent n'a pu ajourner indéfiniment l'exercice de ce droit, il n'a pu donner cette partie des biens que grevée de l'obligation éventuelle de restitution.

On a prétendu que la réduction ne peut s'exercer qu'à l'époque de l'envoi en possession définitif. Nous ne voyons pas sur quoi on fonde cette opinion, car l'argument de texte qu'on tire de l'art. 120 contre les réservataires, se représente avec la même force dans l'art. 129, qui ne parle également que *des biens de l'absent.*

La solution que nous venons de donner à l'égard des aliénations, devra *a fortiori* être appliquée quand l'absent aura seulement hypothéqué ou grevé de servitudes l'immeuble à lui donné avec clause de retour, ou frappé dans ses mains de substitution, ou dont il était usufruitier. Non-seulement l'envoi en possession aura lieu, puisque le bien appartient encore à l'absent ; mais encore l'hypothèque et la servitude seront résolues, comme s'il y avait décès. Les droits réels ne doivent pas être plus fermes et plus solides que le droit de propriété lui-même, la loi au contraire, dans certaines circonstances, les respecte moins, considérant que les recours en garantie qu'occasionne leur suppression sont moins désastreux (art. 859 comb. avec 865).

Il ne nous reste plus à examiner dans cette section, qu'une question fort embarrassante qui a donné lieu à des solutions bien diverses.

La donation faite par celui dont l'unique enfant est absent, est-elle censée émaner d'un donateur n'ayant pas d'enfants, et comme telle, aux termes de l'art. 960, sujette à révocation, soit par la survenance d'un autre enfant, soit même par le retour de l'absent?

Il semblerait, à première vue, en prenant à la lettre l'article 960, qu'on devrait décider qu'il n'y a jamais lieu à révocation si l'absent vient à reparaître ou si on acquiert la preuve de son décès arrivé postérieurement à la donation ; dès lors, en effet, il paraît impossible de soutenir que le donateur n'avait pas d'enfants au moment de la donation. En sens inverse, la révocation devrait toujours s'opérer si on n'entendait jamais parler de l'absent, car sa mort étant présumée avoir eu lieu au jour de sa disparition ou de ses dernières nouvelles, il serait vrai de dire qu'il n'existait pas d'enfant à l'époque de la donation. Mais avec cette opinion nous sommes amenés fatalement à décider que la donation faite vingt-cinq ou trente ans après la disparition, sera maintenue si l'absent reparaît, tandis que celle, au contraire, faite le lendemain de son départ, devra être révoquée si jamais on n'entend plus parler de lui.

En présence de ces résultats inadmissible, ne vaut-il pas mieux considérer le motif qui a dicté la disposition de l'art. 960 et laisser aux juges le soin de décider en fait, d'après le plus ou moins de temps écoulé entre la disparition et la donation, et, d'après les circonstances qui ont accompagné cette disparition, si le donateur n'a donné que dans la persuasion où il était qu'il n'avait pas d'enfants ? Telle était l'opinion de Pothier, qui s'exprime en ces termes : « Quelquefois même l'existence d'un « enfant, au temps même de la donation, n'em- « pêche pas qu'elle ne soit sujette à la révocation « pour survenance d'enfants ; cela a lieu, si l'en- « fant qui existait lors de la donation était absent « de *longue absence, et qu'on le crût perdu;* car « par rapport aux motifs sur lesquels la loi est fon- « dée, *il est égal de n'avoir point d'enfants ou d'en* « *avoir sans le savoir* » (n° 161, Donations entre vifs).

Le donateur qui réclame le bénéfice de l'art. 960 établi dans son seul intérêt, sera toujours tenu de prouver qu'il avait de puissants motifs de croire son enfant perdu, erreur qui l'a uniquement déterminé à donner. Mais une fois cette preuve établie, nous admettrons la révocation non-seulement par la survenance d'un autre enfant, mais encore par le retour de l'absent, retour qui doit avoir les mêmes effets que la naissance elle-même, puisque dans l'un et l'autre cas, le donateur éprouvera le même regret de s'être dépouillé en faveur d'un étranger, au préjudice de ses enfants. Notons que cette puissance de révocation donnée au retour de l'absent lui-même, pourra être utile au donateur, lors même que la donation aurait déjà été révoquée par la naissance d'un autre enfant ; car nous savons que, d'après les termes de l'art. 966, chaque survenance d'enfants déplace le point de départ de la prescription qui court au profit du donataire ; donc, dans notre hypothèse, le retour de l'absent effacera tout le temps antérieur de la prescription dont le cours utile datera désormais de cette dernière époque.

TROISIÈME SECTION.

Des droits de l'époux présent commun en biens.

L'époux commun en biens, que la communauté soit légale ou conventionnelle, peu importe, peut opter pour la continuation de la communauté et arrêter ainsi l'envoi provisoire (art. 124); l'exercice de tous les droits subordonnés au décès (article 123) est alors suspendu.

Le motif principal qui a déterminé le législateur à accorder à l'époux commun un droit si exorbitant, est la faveur dont il entoure la communauté, qu'il a proclamée être le droit commun de la France (art. 1393); l'époux présent a un intérêt légitime à conserver l'administration d'une masse de biens dont il doit plus tard avoir une partie comme co-propriétaire; en second lieu, toujours lié par le mariage, il ne peut se placer dans un état de liberté qu'en prouvant le décès de son conjoint, ce qui lui fait une situation bien fâcheuse; ajoutons enfin que l'absent lui-même a intérêt à ce que tous ses biens soient dans la même main, le morcellement étant contraire à toute bonne administration. En présence de ces dernières considérations également applicables aux autres régimes, beaucoup d'auteurs ont reproché au législateur de ne pas avoir généralisé le bénéfice de l'art. 124. Qui peut douter en effet de l'intérêt du mari à maintenir le *statu quo* lorsqu'il y a régime dotal ou régime sans communauté? Et cependant la loi le force à restituer les biens! Allons plus loin et disons que sa situation pourra être aggravée, même sous le régime de la séparation de biens, car il nous paraît impossible de donner au mari le droit de réclamer le tiers des revenus que la femme devait lui fournir en vertu de l'art. 1537, somme destinée à subvenir aux frais du ménage, et qui n'a plus de raison d'être du moment que le mariage est provisoirement brisé, que tout se passe comme s'il y avait décès.

On dit que l'époux présent obtiendra certaines compensations qui atténueront les effets de cette situation; qu'il aura, par exemple, l'usufruit légal des biens de l'absent dont les héritiers seront les enfants communs (art. 384); qu'il aura lui-même ses biens personnels pour faire face à ses dépenses, mais ce sont là des circonstances accidentelles qui peuvent très-bien ne pas se rencontrer. Plaçons-nous donc dans l'hypothèse également admissible, où les biens de l'absent sont dévolus à des parents éloignés, où l'époux présent n'a aucune ressource personnelle, et demandons-nous si cet époux ne peut pas du moins, en s'appuyant sur l'article 212, réclamer aux envoyés en possession des secours sur lesquels son mariage lui donnait le droit de compter, et qui ne doivent pas lui être enlevés par le fait de l'absence de son conjoint? La logique rigoureuse nous conduit à décider que la loi présumant la mort, la dette d'aliments, toute personnelle, n'a pu passer aux envoyés qui jouent le rôle d'héritiers de l'absent ; nous avouons cependant que si les tribunaux, en prenant en considération la position digne de faveur de l'époux présent, qui ne peut plus trouver ni un appui ni des ressources dans les liens d'un nouveau mariage, accordaient une pension alimentaire, cette décision peut-être moins juridique, nous paraîtrait toutefois plus équitable.

On peut donc regretter que, dans la matière de l'absence, le législateur ait aggravé encore la position de l'époux présent ; n'était-ce pas assez déjà d'avoir refusé un douaire à l'époux survivant sur la succession du prédécédé, et de l'avoir rejeté à l'avant-dernier degré de l'échelle successorale (art. 767) ?

Quoi qu'il en soit, la loi, peut-être oublieuse des intérêts de l'époux en maintes circonstances, ne s'est montrée favorable, comme toujours, qu'au régime de la communauté ; on pourrait peut-être dire, pour expliquer ce privilége, que les rédacteurs du Code n'avaient alors en vue que le régime de la communauté, ignorant complétement ce qu'ils décideraient plus tard à l'égard des autres régimes, incertitude qui se révèle lorsqu'on les voit n'adopter le régime dotal qu'à la dernière heure, et sur les réclamations réitérées des pays de droit écrit. Cette faveur est tellement exorbitante qu'on a reproché à la loi d'être tombée ici dans l'excès contraire, d'avoir méconnu certains droits qui, par suite de cette faculté accordée à l'époux, se trouvent gravement compromis. Si, en effet, il paraît naturel que la loi ait pu donner à l'époux commun le pas sur les héritiers présomptifs, alors qu'il s'agit de droits de succession qu'elle concède directement elle-même et dont elle est maîtresse jusqu'à un certain point ; il n'en est plus de même quand se trouvent en jeu des droits acquis irrévocablement à des tiers, en vertu d'un titre et sous la seule condition du décès de l'absent : tels sont les droits du donateur avec clause de retour, les droits du nu-propriétaire, les droits des appelés à une substitution ; que peut faire à ces tiers le régime adopté par les époux ? Comment l'absent peut-il, par le fait de sa disparition, condamner ces intéressés à être privés de leurs biens pendant trente années ; car désormais, faute de preuve, ils n'auront plus la chance de voir s'ouvrir leurs droits qui, sans l'absence, se seraient peut-être ouverts à leur profit par la mort de celui dont l'existence y mettait obstacle ? Quelle que soit la valeur de ces reproches, la pensée du législateur est manifeste ; il n'a songé qu'à l'époux commun ; à lui seul il a donné la préférence sur tous les ayants droit sans exception.

Faisons remarquer, en passant, que le mari est véritablement un tiers à l'égard des personnes dont parle l'art. 123 ; il a en effet acquis par contrat de mariage un droit de jouissance sur les biens de sa femme, dès lors on peut dire que ces biens n'étaient pas tout-à-fait dans les biens de l'absent au jour de sa disparition ou de ses dernières nouvelles: d'où il nous est permis de tirer cette conséquence, si nous songeons que le mari est un tiers des plus favorables, que, dans l'esprit de la loi, tous les droits concédés aux tiers sont brisés comme si l'absent était réellement mort, puisqu'en général, et sauf le cas où il y a communauté, les envoyés n'ort pas même à respecter les droits de l'époux présent : n'est-ce pas là la confirmation de la théorie que nous avons émise précédemment à propos de la réduction ?

Si le régime dotal était accompagné d'une société d'acquêts (art. 1581), nous donnerions à l'époux présent le droit d'arrêter l'envoi en possession; c'est en effet une véritable communauté.

Les cas d'application de l'art. 124 nous étant connus, il nous reste à rechercher ses effets :

1° Lorsque l'époux opte pour la continuation de la communauté;

2° Lorsque l'époux, au contraire, opte pour la dissolution de la communauté.

1° Option pour la continuation provisoire de la communauté. — Administration légale de l'époux commun.

L'époux présent qui opte pour la continuation empêche le morcellement des biens en arrêtant l'envoi provisoire; il prend ou conserve l'administration, ajoute l'art. 124. Ces deux expressions sont exactes avec certaines distinctions : supposons d'abord le cas où la femme est absente : sous le régime de la communauté, le mari administre tous les biens, on peut dire *lato sensu*, qu'ils appartiennent tous à la communauté, en jouissance du moins (art. 1401 n° 2); il reste donc à la tête de l'administration qu'il *conserve*. Mais l'art· 124 serait également applicable au cas exceptionnel où la femme se serait réservé la jouissance et l'administration de certains biens; alors le mari, conformément au vœu de la loi qui désire la concentration de tout le patrimoine dans les mains de l'époux présent, *prendrait* l'administration de ces biens tout à fait en dehors de la communauté. Le mari *prendra* également l'administration des biens paraphernaux dans le cas de l'art. 1581, si on admet toutefois l'opinion de la jurisprudence qui laisse la femme à la tête de ces biens extra-dotaux qu'elle administre seule, sauf l'obligation qui lui est imposée d'apporter tous les fruits à la masse commune.

Le mari, au contraire, est il absent? la femme *prendra* l'administration de tous les biens qui font partie de la communauté, soit en pleine propriété, soit en jouissance seulement ; elle *prendra* également celle des biens personnels de son mari. Ce n'est que lorsqu'elle aura des biens dont elle se sera réservé et la jouissance et l'administration, ce qui est fort rare sous le régime de la communauté, ou bien quand on sera dans l'hypothèse de l'art. 1581 à l'égard de ses paraphernaux, qu'il sera vrai de dire qu'elle en *conservera* l'administration. De ce qui précède, nous pouvons conclure que, sauf quelques exceptions, le mot *conserver* s'applique en général au mari présent, l'expression *prendre* à la femme.

L'art. (124) nous parle de dissolution *provisoire*, mais il n'ajoute plus cette épithète quand il s'agit de la continuation de la communauté. Néanmoins, nous déciderons que, lorsque l'époux présent opte pour la continuation de la communauté, ce n'est là sans aucun doute qu'une continuation provisoire : la preuve en est, qu'après trente ans depuis cette option, ou cent années écoulées depuis la naissance de l'absent, l'envoi définitif a nécessairement lieu, sans que le droit de l'époux commun puisse y mettre obstacle (art. 129). Ajoutons que, si l'on acquiert la preuve du décès de l'absent, la communauté aura duré jusqu'à cette époque, à laquelle elle aura été dissoute en réalité. Cette continuation ne peut donc être que purement provisoire, ce n'est qu'une apparence.

C'est parce que, au fond, la réalité des choses nous est inconnue, et que la situation est toute provisoire, que l'art. 1441, dans son énumération des causes de dissolution de la communauté, ne parle pas de l'absence. Si on vient jamais à savoir quand a eu lieu la mort de l'absent, c'est à ce moment qu'il faudra se placer pour liquider la communauté ; la vérité apparaissant, la fiction s'évanouit aussitôt. Si la réalité n'est jamais connue, on pourra dire, il est vrai, que l'absence a été une cause de dissolution de la communauté, car la mort remontant au jour de la disparition ou des dernières nouvelles, c'est à cette époque qu'on se reportera pour la liquidation ; mais ce sera toujours l'application du n° 1 de l'art. 1441 : la dissolution de la communauté par la mort, tantôt réelle, tantôt présumée.

L'époux qui opte pour la continuation de la communauté en sa qualité de comptable, est soumis aux mêmes formalités (pour l'inventaire, la vente et l'emploi du mobilier) que les envoyés en possession ; c'est ce que dit formellement l'art. 126.

Certains auteurs cependant, en s'appuyant sur cette phrase : « *Inventaire du mobilier et des titres de l'absent,* » ont prétendu que le mari présent devant conserver comme chef ses pouvoirs (art. 1421), n'était pas tenu de faire l'inventaire du mobilier et des titres de la communauté, car ils n'appartiennent pas à l'absent. Nous croyons que c'est là une interprétation judaïque du texte de l'art. 126, et nous préférons l'opinion de ceux qui étendent cette mesure conservatoire même aux valeurs de la communauté, sans distinguer entre le mari et la femme. En effet, quel est le but de l'inventaire ? C'est de constater le montant des valeurs prises par les ayants droit, pour savoir plus tard ce qui devra être restitué, soit à l'absent, soit à ses héritiers ; or, dans l'hypothèse où il y a continuation de la communauté, les mêmes motifs existent : c'est évident pour la femme qui devra toujours restituer à son mari ou à ses héritiers : quant au mari, s'il n'est tenu d'aucun compte vis-à-vis de sa femme de retour, ne devra-t-il pas, si l'on ne reçoit jamais de nouvelles d'elle, restituer à ses héritiers la part qu'elle avait dans la communauté, telle qu'elle se composait au jour de la disparition ou des dernières nouvelles? Disons donc que l'inventaire doit constater l'existence du mobilier de la communauté, qui même, on peut le dire, est le mobilier de l'absent, pour la part à laquelle il avait droit à cette époque.

L'obligation de fournir caution est-elle également imposée à l'époux qui opte pour la continuation ?

L'art. 124 n'en dit pas un mot ; certes ce n'est pas un oubli, car le législateur vient de parler de la caution dans l'art. 123, et dans notre article qui s'occupe immédiatement du cas inverse, du cas de dissolution, il exige la caution. Il y avait de graves motifs pour dispenser l'époux de cette obligation : on a craint que cette charge ne le détournât de continuer la communauté, continuation qui est dans le vœu de la loi. Ajoutons que l'époux ne demande pas à innover ; loin d'invoquer la présomption de décès de son conjoint, il ne veut pas au contraire renoncer à tout espoir de le voir revenir, et réclame en conséquence qu'on le maintienne dans la même situation. Le silence de l'art. 124 est une preuve évidente que, dans notre cas, la caution n'est pas exigée. Il est vrai qu'on a soutenu le contraire en s'appuyant sur l'art. 129 qui, après avoir parlé de l'envoi provisoire et de l'administration de l'époux, continue en ces termes: « *Les cautions seront déchargées,* » donc, a-t-on prétendu, la caution doit être fournie dans tous les cas. Mais cet argument n'est pas suffisant, les cautions seront déchargées, cela est vrai, quand il y en aura eu de données ; l'art. 129 n'est qu'énonciatif, il n'a pas pour but de nous indiquer les cas où la caution est exigée, ces cas sont indiqués dans les art. 120, 123 et 124.

Voyons maintenant quels sont les pouvoirs de l'époux qui a opté pour la continuation.

L'époux reçoit la masse des biens au même titre que les envoyés en possession provisoire : c'est un administrateur soumis à l'obligation de rendre compte. Cette similitude de position résulte des termes de l'art. 125, qui, par ces expressions larges : *possession provisoire*, comprend et les envoyés et l'époux administrateur légal ; la rédaction primitive ne parlait que des envoyés provisoires, elle fut corrigée sur les observations du Tribunat.

Les actes d'administration sont sans aucun doute permis à l'époux, c'est la conséquence de sa qualité d'administrateur ; la femme est capable de faire ces actes sans aucune autorisation, car la loi l'autorise suffisamment par cela seul qu'elle lui permet d'entreprendre la continuation de la communauté. A ce propos, nous ferons remarquer que la loi garde un silence complet sur la manière dont le régime d'administration légale doit être constitué ; il semblerait résulter de là que la continuation de la communauté, à la différence de la dissolution provisoire, n'exigerait aucune demande en justice. Cette conséquence, peut-être vraie à l'égard du mari pour lequel il suffira de notifier aux intéressés à l'envoi provisoire son intention d'user du bénéfice de l'art. 124, ne nous paraît pas admissible quand il s'agit de la femme, dont l'incapacité nécessitera toujours l'autorisation de la justice pour l'habiliter.

L'époux administrateur étant mandataire de l'absent avec les pouvoirs concédés par l'art. 134, il est naturel qu'il ne puisse faire, comme le décide l'art 128, des actes de disposition. Cependant, cet article semble ne pas s'appliquer au conjoint, il ne parle que de ceux qui jouissent en vertu de *l'envoi provisoire;* mais ce n'est pas une raison, selon nous, pour en restreindre la portée ; nous croyons que c'est par oubli que la correction du Tribunat, adoptée pour l'art. 125, n'a pas été étendue à notre hypothèse : la généralité de l'art. 128 résulte du sens large des art. 124 et 125, où l'on voit la qualité d'administrateur donnée au conjoint.

Le titre de la femme qui continue la communauté étant le même que celui des envoyés ordinaires, elle sera comme telle soumise à toutes les restrictions dont nous avons parlé à leur égard (article 128) et de plus soumise, en sa qualité de femme mariée, à l'obligation de se faire autoriser pour faire tous les actes qui, quoique placés en dehors de l'administration, sont néanmoins permis aux envoyés (art. 134 et 817 comb. avec l'art. 222).

Le mari présent a également les mêmes pouvoirs qu'un envoyé, ce qui donne plus d'extension à ses droits sur les biens personnels de sa femme ; il n'est plus limité à l'exercice des actions mobilières et possessoires (art. 1428) ; son droit de provoquer le partage n'est plus borné aux biens seuls qui tombent dans la communauté (art. 818) ; il peut, en vertu de ses nouveaux pouvoirs, intenter toutes les actions mobilières ou immobilières (art. 134), provoquer tout partage où sa femme est intéressée (art. 817) ; mais les restrictions de l'art. 128 lui sont également applicables.

Observons cependant que, si la femme absente était encore vivante à l'époque où le mari a pris l'administration, l'aliénation faite par lui d'un immeuble de la communauté serait parfaitement valable. Il ne faut pas voir là une dérogation à l'article 128, mais la conséquence des pouvoirs qu'il a sur la communauté, qui existait réellement au moment de l'aliénation, lesquels pouvoirs lui viennent du mandat que la femme lui a donné par contrat de mariage (art. 1421). Le mari a donc deux qualités distinctes : celle d'envoyé soumis aux art. 125 et 128 ; celle de chef de la communauté régie par l'art. 1421. Mais si nous supposons la femme morte en réalité au jour de l'aliénation, ou si du moins on ne reçoit aucune nouvelle d'elle, cet acte fait à une époque où il n'existe plus de

communauté, devrait, dans la rigueur des principes, être nul comme ayant été fait sans pouvoir
(l'aliénation, en effet, a été faite par un simple envoyé, contrairement à l'art. 128) ; mais ne devrait-
on pas permettre aux juges de valider cette aliénation en faveur des tiers de bonne foi qui ont
ignoré la révocation du mandat du mari? Nous
l'admettons d'autant plus volontiers que la femme,
comme nous venons de le dire, est un véritable
mandant (art. 2009).

La femme qui a opté pour la continuation de la
communauté *conserve le droit d'y renoncer ensuite*,
(art. 124, 2°). En effet, puisqu'elle est soumise
aux mesures conservatoires énumérées dans l'art.
126, et imposées à tous les ayants droit, puisqu'elle a fait inventaire, pourquoi ne pourrait-elle
pas renoncer à la communauté quand, plus tard,
elle viendra à se dissoudre par la nouvelle de la
mort de l'absent, et dans tous les cas par l'envoi définitif, avec d'autant plus de raison que l'art. 1453
ne permet pas à la femme d'abandonner ce droit
de renonciation à la communauté ? Il est probable,
même certain, que les rédacteurs du Code ont jugé
utile de dire ici qu'elle conserverait ce droit de renoncer, pour dissiper le doute qui aurait pu naître
en présence d'une administration qui est devenue
sienne : en effet, n'aurait-on pas pu dire que ce
droit exorbitant n'avait plus, dans notre hypothèse,

de raison d'être, puisqu'il n'est accordé d'ordinaire à la femme que pour la protéger contre la toute-puissance du mari ? Remarquons encore que si l'option de la femme pour 'a continuation provisoire de la communauté avait dû lui faire perdre le bénéfice de l'art. 1453, le législateur aurait nécessairement supposé qu'avant de faire son option, elle prendrait le temps de délibérer, cette option de l'art. 124 devant avoir de l'influence sur le droit concédé par l'art. 1453 ; il n'aurait pas manqué d'exiger qu'on lui accordât un délai pour s'éclairer, comme dans le cas de dissolution réelle de la communauté.

L'époux administrateur reçoit, comme les envoyés, une part des fruits, qui augmente dans la même proportion (art. 127); on aurait cependant pu dire à son égard qu'avec le temps, la portion des fruits, loin d'augmenter, devait diminuer; en effet, la probabilité de mort devient de plus en plus forte et le lien du mariage va toujours en s'affaiblissant. Nonobstant ces raisons, la loi donne à l'époux des droits qui croissent avec le temps, considérant peut-être qu'avec la vieillesse ses besoins se multiplient.

La distinction entre les fruits restitués et les fruits conservés, offre de graves difficultés d'application dans le cas d'administration légale. Passons en revue les différentes situations qui peuvent se présenter.

Est-ce le mari qui est présent? Il n'a aucune restitution à faire à sa femme de retour? la communauté a subsisté en réalité, et aux termes de l'art. 1421, il a eu le pouvoir de l'aliéner.

Est-ce, au contraire, la femme qui est présente ? Elle ne doit rien garder, elle a gagné les fruits pour le compte de la communauté, qu'elle restitue en entier au mari de retour (art. 1401, n° 3, et 1498).

Cependant l'art. 127 est formel; il parle de l'époux administrateur; quel sera donc le cas d'application de cet article ?

Nous dirons en premier lieu, qu'il s'appliquera littéralement dans l'hypothèse où il s'agira de biens dont l'époux absent, la femme par exemple, s'était réservé la jouissance exclusive; alors le mari qui a pris en main l'administration, gagnera les fruits qu'il retirera de ces biens, dans les limites de l'art. 127. La portion gagnée sera un acquêt qui tombera comme tel dans la communauté; la portion restituée à la femme lui sera propre. Il est permis de douter que notre article ait été fait pour ce cas extraordinaire.

Mais en dehors de cette stipulation exceptionnelle, l'art. 127 s'appliquera toutes les fois que la restitution devra être faite à tout autre qu'à l'absent : ainsi, dans l'hypothèse de l'art. 130 où l'on

suppose que le décès est prouvé, à partir de cette
époque la communauté étant dissoute, l'époux présent a gagné pour lui seul les fruits de ses propres,
les fruits de sa part dans la communauté; quant
aux fruits des propres de l'absent et de sa part dans
la communauté, il les a gagnés dans la proportion
de l'art. 127.

Nous reconnaîtrons encore comme cas d'application de notre art. 127, celui où l'époux présent
vient à mourir : l'envoi provisoire reprend alors
son cours, les héritiers les plus proches au jour de
la disparition ou des dernières nouvelles exercent
leurs droits jusque là paralysés par l'administration légale; il en est de même de tous ceux qui ont
des droits subordonnés au décès de l'absent; les
représentants de l'époux décédé opposeront à tous
ces intéressés la retenue accordée par notre texte.

Enfin nous admettons la même solution, et dans
le cas de renonciation à la continuation de la communauté, faculté qui appartient à l'époux présent ;
et dans le cas d'envoi définitif, qui, faisant cesser
l'envoi provisoire, amène la liquidation de la communauté en se reportant rétroactivement au jour
de la disparition ou des dernières nouvelles de
l'absent : dans cette dernière hypothèse, l'époux
gardera la totalité des fruits, car l'envoi définitif a
toujours lieu plus de trente ans depuis la dispari-

tion ; à moins qu'on ne soit dans le cas exceptionnel de cent années d'âge (art. 129).

Delvincourt a soutenu que tous les fruits gagnés par l'époux administrateur formaient des propres de communauté qui devaient être prélevés avant partage. En un mot, il a vu dans l'art. 127 une dérogation aux art. 1401, n° 2, et 1498. Mais il faudrait un texte bien formel pour ériger en propres de communauté des bénéfices consistant en fruits, l'élément le plus naturel de toute communauté. D'ailleurs ne serait-ce pas injuste, lorsqu'on fait tomber dans la communauté toutes les économies que l'absent a réalisées, de procurer ainsi à l'époux présent un double avantage? Nous croyons que le texte n'est pas assez formel pour consacrer un pareil système. L'art. 127 dit seulement que certains fruits ne seront pas rendus à l'absent, aussi ne les lui donnons-nous pas, puisque nous les attribuons à la communauté ; notre article s'appliquera d'une manière plus ou moins complète, voilà tout. Bornons-nous donc à ne pas rendre les fruits à l'absent ; mais n'allons pas toucher aux règles de la communauté, et transformer en propres ce qu'elles nous présentent comme acquêts !

Enfin, on a proposé un dernier système qui consiste à dire que si la femme présente a dissipé la portion de fruits attribuée à l'administrateur légal, elle n'en devra aucun compte. Mais ce système aurait le grave inconvénient de pousser la femme à de folles dépenses.

2° *Option pour la dissolution provisoire de la communauté.*

Lorsque le droit exorbitant dont nous venons de parler n'est pas invoqué, la déclaration d'absence suit son cours ordinaire. L'époux commun est alors simplement au nombre des personnes dont parle l'art. 123; alors, comme l'indique l'art. 124, il exerce ses droits comme si l'absent était réellement mort, mais toujours d'une manière provisoire.

Il exerce *ses reprises* : il prendra ses immeubles propres ou ceux acquis en remploi ; il réclamera les indemnités qui lui sont dues, soit le prix d'un immeuble personnel qui a été vendu, soit la valeur d'une coupe de bois indûment faite sur un de ses propres.

... *Ses droits légaux* : ce sera, pour la femme, le droit de prendre sa part dans la communauté. Pour le mari présent, quand les héritiers de la femme renoncent, ce sera au contraire le droit à la totalité de la communauté.

... *Ses droits conventionnels* : le préciput (art. 1515) et autres gains de survie, les donations de biens à venir faites entre époux (art. 1093), l'apport que la femme reprend franc et quitte dans le cas de l'art. 1514.

La loi impose formellement à l'époux qui opte

pour la dissolution, l'obligation de donner caution ; en effet, il n'y a plus de raison pour le traiter plus favorablement que les autres envoyés ; il s'est mis dans la situation normale, il laisse s'opérer le morcellement des biens, il doit donc tomber sous l'application des art. 120 et 123.

Cette caution, dit l'art. 124, doit garantir *les choses susceptibles de restitution*. Voyons quelle est la portée de ces expressions un peu vagues, quelles sont ces choses qui peuvent dans certains cas être restituées, et doivent conséquemment rentrer dans la responsabilité de la caution ?

Nous dirons d'abord que le mari et la femme doivent donner caution pour les gains de survie, ce sont là évidemment des choses susceptibles de restitution, si l'on vient à avoir la preuve de la mort de l'absent à une poque où déjà l'époux présent n'existait plus. Ce cas excepté, où les deux époux sont dans une position égale, il nous faut distinguer entre la femme et le mari, ce dernier, en effet, n'est pas assujetti à l'obligation de fournir caution d'une manière aussi étendue.

La femme devra caution :

1° Pour *toute sa part dans la communauté*, car elle devra la remettre à son mari, s'il revient ;

2° Pour *ses biens propres* dont la communauté a la jouissance, laquelle jouissance, en cas de retour de l'absent, aura toujours appartenu à la commu-

nauté ; la caution ne devra pas garantir toute la valeur des propres, mais seulement une somme re-
présentative de la jouissance entière qui pourrait
être due plus tard ; la justice déterminera la somme
d'après les circonstances.

Mais si la femme avait certains biens dont elle
se serait réservé l'administration et la jouissance,
elle ne serait nullement soumise à leur égard à l'o-
bligation de fournir caution, ces biens ne pouvant
jamais être sujets à restitution.

S'agit-il du mari au contraire? il n'a fait qu'exercer son droit légal sur la communauté ; il ne
doit pas fournir caution pour la part qu'il y a prise ;
il dira à sa femme de retour : « il est démontré
que la communauté a toujours existé ; en vertu des
pouvoirs qui me sont conférés par l'art. 1421, j'ai
pu aliéner, hypothéquer et même donner à titre
particulier les biens qui la composent, ainsi que je n'ai
pas de compte à vous rendre. »

Il est possible cependant que le mari ait des res-
titutions à faire, même sur sa part de communauté,
en supposant que les biens tombés au lot des héritiers de la femme aient péri avant le décès de celle-
ci ; en pareil cas nous sommes amenés à dire que
ces héritiers seront fondés dans leur prétention
quand ils réclameront un nouveau partage, quand
ils soutiendront que la perte ayant eu lieu pour la
communauté, elle ne se compose plus dès lors que

de la part du mari dont la moitié leur appartient. C'est donc pour cette moitié de la part du mari dans la communauté, qu'il peut éventuellement être obligé de restituer, que nous exigerons de lui caution.

Eclaircissons cela par un exemple : La femme a disparu en 1830 ; la déclaration d'absence a lieu en 1836 ; la liquidation de la communauté, telle qu'elle se composait au jour de la disparition, donne un actif d'une valeur de 40,000 francs, qui est partagé entre le mari et les héritiers de la femme. Plus tard on découvre que la femme a vécu jusqu'en 1838, époque à laquelle les biens échus à ses héritiers ont péri ; la masse à partager ne se compose plus dès lors que de la part attribuée au mari, qui sera obligé à une restitution jusqu'à concurrence de 10,000 francs.

En ce qui concerne ses biens personnels, le mari n'est jamais tenu à aucune restitution et ne peut, en conséquence, être astreint à fournir caution: telle est, du moins, l'opinion de la plupart des auteurs. En effet, que demanderait-on au mari? les fruits produits par ses biens pendant le laps de temps écoulé entre la disparition et le décès prouvé? mais il opposerait comme fin de non recevoir sa qualité de chef de la communauté dont l'existence se trouve constatée, et qui lui permettait de disposer des fruits à son gré. Quant aux fruits perçus depuis le décès de la femme, ils n'ont jamais pu faire partie d'une communauté qui n'existait plus.

Nous admettons l'exactitude de la solution qui précède, mais il nous semble que ces auteurs n'ont pas envisagé la question sous toutes ses faces, qu'il est un cas où le mari sera tenu de faire une restitution ; ce cas est celui où la femme absente est décédée postérieurement au partage provisoire ; le mari dès lors est comptable, vis-à-vis des héritiers de la femme, des fruits par lui perçus pendant que durait la communauté, et qu'il a dissipés dans l'intervalle de la dissolution réelle au jour du nouveau partage, à un moment où ce droit ne lui appartenait plus.

Ainsi, la dissolution provisoire remonte à 1830, le revenu des biens personnels du mari est de 10,000 francs par année, la dissolution réelle n'a lieu, par la mort de la femme, qu'en 1835 ; voilà 50,000 fr. qui tombent dans communauté. En 1836, ces 50,000 francs sont dissipés par le mari, à qui ils n'appartiennent que pour moitié, et qui ne pouvait plus, la communauté étant dissoute, toucher à la moitié appartenant aux héritiers de la femme. Ce n'est qu'en 1838 qu'on apprend la dissolution réelle arrivée en 1835, alors les héritiers de la femme auront le droit de demander au mari la restitution de 25,000 francs ; nous concluons de là que la caution est due dans les limites de la restitution éventuelle, c'est-à-dire pour la moitié des revenus des biens personnels du mari.

Le mari doit donc caution :

1° Pour la moitié de sa part dans la communauté ;

2° Pour la moitié des revenus de ses biens personnels.

L'époux présent, le mari ou la femme n'étant à l'égard de ses propres soumis qu'à la restitution des revenus, c'est avec raison que la loi a indiqué que la caution devait être renfermée dans cette limite, ce qu'expliquent ces expressions : *pour les choses susceptibles de restitution ;* restriction qui ne pouvait s'appliquer à la caution des envoyés provisoires, puisqu'elle garantit la totalité des biens qu'ils prennent, totalité qu'ils doivent restituer dans tous les cas.

La femme qui opte pour la dissolution de la communauté, n'a sur ses biens personnels et sur sa part dans la communauté que les pouvoirs d'administration des envoyés en possession (art. 125 et 128); pour toute aliénation, elle sera donc obligée de recourir à la justice, qui, par son autorisation, la relèvera de son incapacité de femme mariée et validera l'acte qu'elle veut faire en dehors de ses pouvoirs d'administrateur.

Quant au mari, on dit qu'il a plein pouvoir sur les biens de la communauté pris par lui, soit comme gains de survie, soit comme formant sa part de cette communauté; que s'il a renoncé provisoirement à ses droits sur la portion qu'il laisse prendre aux héritiers de sa femme, la portion qui lui reste n'en est pas moins toujours et dans tous les cas à lui : elle est à lui en effet, si la communauté dissoute en apparence dure encore en réalité, puisqu'il est comme maître de cette communauté; elle est encore à lui si cette communauté est vraiment dissoute puisqu'alors il est propriétaire absolu de cette portion.

S'il était vrai que ce sont là les seules hypo·thèses possibles, nous accepterions cette opinion. Mais nous nous demandons ce qui arriverait, si les héritiers de la femme prouvant qu'elle a survécu à son mari, venaient réclamer les gains de survie; ou bien s'ils demandaient un nouveau partage des biens que le mari a pris dans la communauté, en prouvant que la femme est morte postérieurement au partage provisoire, et que les biens échus dans leur lot ont péri avant son décès pour le compte de la communauté qui durait encore? est-ce que l'aliénation de ces gains de survie dans le premier cas, de la part de la communauté, dans le second cas aurait été valablement faite par le mari? Nous avons de la peine à le croire, il nous semble que les héritiers de la femme se trouvent en présence d'un simple envoyé provisoire à qui ils pourront opposer l'art. 128. Il n'y a plus de chef de communauté, le mari ayant opté pour la dissolution, s'est dépouillé ostensiblement de tous ses pouvoirs, il a renoncé à son mandat; et c'est pour cela que nous allons jusqu'à permettre la révocation de l'aliénation, les tiers ne pouvant ici comme dans le cas de continuation provisoire de la communauté, invoquer le bénéfice de l'art. 2009, en alléguant qu'ils se sont laissés prendre à des apparences trompeuses.

QUATRIÈME SECTION.

De la cessation de l'envoi en possession provisoire ou de
l'administration légale.

Voyons les causes qui amènent ce résultat :

1° *Retour de l'absent ou preuve de son existence* (art. 131). —Les bases de l'envoi croulent,
les effets du jugement cessent, les biens vont être
restitués, sauf l'application de l'art. 127. Quoique
l'existence soit révélée, si les nouvelles se repor-
tent à une époque assez éloignée pour que la vie
soit redevenue incertaine, on retombe alors dans
les mesures conservatoires des art. 112 et suiv., ce
qu'indique l'art. 131 *in fine*, par ces expressions
s'il y a lieu, c'est-à-dire, si le tribunal trouve qu'on
est de nouveau dans le cas de présomption d'absence. Plus tard il pourra y avoir une nouvelle déclaration d'absence au profit des héritiers présomptifs les plus proches au jour des dernières nouvelles. Observons cependant que l'envoi en possession provisoire serait maintenu, si les nouvelles
étaient tellement anciennes, qu'on serait arrivé à
l'époque où la déclaration devrait être prononcée,
si elle n'avait pas déjà eu lieu ; seulement si les hé-

ritiers présomptifs, au moment des dernières nouvelles, n'étaient plus les mêmes que ceux du jour de la disparition qui ont obtenu l'envoi provisoire, ces derniers seraient obligés de leur restituer les biens.

Le retour de l'absent ou la preuve de son existence fait que la continuation apparente de la communauté a eu une existence réelle, l'administration légale fait place à l'administration ordinaire : la femme présente rend l'administration au mari ; le mari présent continue d'administrer, mais désormais comme chef réel d'une communauté encore existante.

2° *Décès de l'absent* (art. 130). — L'absent est mort à telle époque, laissant des héritiers légitimes autres que les envoyés, ou après avoir fait un testament ; c'est à ces nouveaux ayants droit que les biens vont être restitués.

Si la restitution est faite par l'époux administrateur, il sera reconnu en fait que la communauté a été dissoute à l'époque du décès prouvé. Depuis lors toutes les successions mobilières sont propres, et l'époux présent a acquis la totalité des fruits de ses propres, de sa part dans la communauté, et de plus les fruits des propres de l'absent, et de la part qui lui revient dans la communauté, dans les proportions de l'art. 127.

3° *Envoi en possession définitif.* — Nous en parlerons dans la section suivante.

4° *Abus de jouissance.* — Il nous paraît raisonnable de décider que les envoyés pourront être privés du bénéfice de l'envoi, s'ils dilapident la fortune de l'absent. Nous ne faisons qu'appliquer le principe général qui soumet à la destitution en cas d'abus tout administrateur de la chose d'autrui, et qui frappe de déchéance quiconque ne remplit pas les conditions sous lesquelles un droit lui est concédé (arg. d'anal. de l'art. 618).

Nous appliquerons la même décision à l'administrateur légal, à la femme sans difficulté, et même au mari, sans nous laisser arrêter par cette objection : que c'est là une demande en séparation de biens, droit *exclusivement attaché à la personne de la femme* (art. 1166 et 1446). En admettant même pour un instant que c'est une véritable demande en séparation de biens, ce que nous ne croyons pas, car on ne sait pas réellement si le mariage existe encore durant l'absence ; il nous semble que l'art. 1446 n'aurait rien à faire dans notre hypothèse exceptionnelle ; en effet, en cas d'absence, la femme n'est plus là pour veiller à ses intérêts, elle ne peut agir par elle-même, il faut donc que ceux à qui ses droits ont été transmis conditionnellement, puissent arrêter les dilapidations du mari, avec d'autant plus de raison que la crainte de porter le trouble dans le ménage, motif qui a dicté la disposition de l'art. 1446, n'existe plus ici.

5° *Renonciation.* — Nous avons déjà dit que la femme, après avoir opté pour la continuation de la communauté, n'en conserve pas moins le droit d'accepter ou de répudier la communauté dissoute (art. 1453); cette faculté lui est accordée par l'art. 124, n° 2.

Mais outre ce droit de l'art. 1453, ne devons-nous pas reconnaître à la femme le droit de renoncer à son option? Du moment qu'elle se repent d'avoir arrêté l'envoi provisoire, ne peut-elle pas revenir sur sa détermination et laisser au jugement déclaratif d'absence tous ses effets? Nous croyons qu'elle a ce droit; nous ne voyons dans cette option qu'une faveur exorbitante; or il serait étrange de voir la femme liée définitivement par cette option. On peut dire, il est vrai, que cette continuation est aussi dans l'intérêt de l'absent, et que, par l'exercice de ce droit, elle s'est liée vis-à-vis de lui, comme l'héritier qui accepte l'est vis-à-vis de tous les intéressés, d'une manière irrévocable; mais l'assimilation ne nous paraît pas exacte, car s'il est vrai que l'intérêt de l'absent soit en jeu jusqu'à un certain point, remarquons qu'il existe en même temps des droits plus évidents et d'une toute autre importance, ceux des personnes dont parle l'art. 123, dont les intérêts ont été sacrifiés à un intérêt plus digne de faveur aux yeux de la loi. Eh bien ! maintenant que l'époux veut renoncer au droit établi en sa faveur, soit qu'il trouve l'administration trop onéreuse, soit qu'il ait découvert un testament qui lui donne une notable partie des biens, soit qu'enfin avec le temps qui s'écoule il ait perdu tout espoir de retour, pourquoi ne pas céder la place aux intéressés à l'envoi provisoire ? Dans la pratique, on ne refuse jamais le droit d'abdiquer cette continuation.

Dans la rédaction primitive, présentée à la séance du 4 frimaire an X, l'art. 12 s'exprimait ainsi : « Cette option pour la continuation ne fait pas perdre à la femme le droit de renoncer ensuite à la communauté, ni au droit de renoncer à sa propre option, c'est-à-dire à la continuation de la communauté. » Aucune objection ne fut soulevée, mais trouvant cette rédaction trop longue, les rédacteurs du Code, pour abréger, ont renfermé dans une seule et même phrase et le droit de l'art. 1453 et le droit de renoncer à la continuation.

D'ailleurs la rédaction première aurait pu faire croire que le mari ne pourrait pas renoncer à la continuation provisoire, ce qui serait une erreur ; il a incontestablement la même faculté ; si l'art. 124, n° 2, ne parle que de la femme, c'est qu'il embrasse dans la même phrase les deux hypothèses de renonciation, dont l'une, celle de l'article 1453, n'est jamais applicable au mari.

Quant aux envoyés en possession provisoire, la position est analogue à celle des héritiers, leur acceptation sera irrévocable. Toutefois, nous serions disposé à admettre qu'il n'en est ainsi que lorsque l'inventaire les a éclairés sur la situation; pour plus de sûreté cependant, ils feront bien, pour conserver ce droit de renonciation, d'en faire la réserve dans leur demande.

L'administration légale, bénéfice tout personnel, cesse à la mort de l'époux présent, la communauté est nécessairement dissoute (art. 1441); c'est là une différence avec l'envoi en possession, droit qui fait partie de la succession, et comme tel est transmissible aux héritiers.

CINQUIÈME SECTION.

De l'envoi en possession définitif et de ses effets.

Cet envoi définitif a lieu au moment où la mort de l'absent est devenue presque une certitude ; dès lors l'envoi provisoire ou l'administration légale va subir une transformation.

Cette époque est déterminée par l'art. 129 qui indique deux cas :

1° Trente ans écoulés depuis l'envoi en possession provisoire ou le début de l'administration légale; ce qui nous donne au moins trente-cinq ans sans nouvelles en comptant les quatre années de présomption d'absence (art. 115), plus l'année qui doit séparer le jugement préparatoire du jugement définitif (art. 119); encore n'est-ce là que le minimum (art. 121);

2° Cent ans révolus depuis la naissance de l'absent.

Dans l'une et l'autre hypothèse, si le retour de l'absent n'est pas impossible, ce que suppose l'article 132, il faut avouer, du moins, qu'il est bien peu probable.

L'art. 129 donne l'envoi provisoire ou l'administration légale comme point de départ des trente ans.

On a soutenu que cet article ne devait pas être pris à la lettre : l'envoi définitif étant fondé sur la présomption de la mort presque certaine de l'absent, la circonstance qu'il y a eu ou non envoi en possession ne doit avoir aucune influence sur cette présomption ; donc c'est la déclaration d'absence, a-t-on dit, qui devra faire courir le délai de trente années, avec d'autant plus de raison que la rédaction de l'article s'explique facilement, si on songe que la plupart du temps l'envoi provisoire a lieu par le même jugement qui déclare l'absence. Mais ne pourrait-on pas répondre cependant que le législateur a voulu par là engager les intéressés à faire promptement les démarches nécessaires pour l'établissement du régime conservateur de la deuxième période, dont ils ne peuvent ainsi différer le commencement sans reculer l'ouverture du régime plus avantageux de la troisième période ?

S'agit-il, au contraire, du cas où l'absent aurait cent années d'âge ? Alors l'effet est indépendant de la durée de l'absence. Si à l'époque de la déclaration d'absence les cent années étaient révolues, il y aurait immédiatement lieu à l'envoi définitif ; il serait, en effet, inutile de passer par l'envoi provisoire qu'on serait obligé d'abandonner de suite en présence de l'art. 129.

L'envoi définitif ne produit aucun effet quant au

mariage ; nous ne considérons ici ses effets qu'au point de vue du patrimoine.

Voyons en quoi consiste cette nouvelle situation, mais avant tout, fixons-nous sur le sens exact du mot *définitif*.

Les rédacteurs du Code ont notablement transformé le projet primitif ; leur pensée première était bien différente de celle que nous retrouvons dans le Code. Voici comment, dans le principe, ils avaient compris notre matière : après l'envoi définitif, aucune restitution ne devait plus avoir lieu ; cependant pour adoucir un peu cette décision, par trop rigoureuse, on ajouta de suite une exception, non en faveur de l'absent qui se trouvait en faute, mais à l'égard de ses enfants et descendants ; et encore exigeait-on d'eux : 1° qu'ils apportassent la preuve du décès de leur auteur absent ; 2° qu'ils fussent mineurs à l'époque du décès prouvé (voy. l'art. 19 du projet). Nous voyons donc, à part cette exception, que le mot *définitif* était pris dans son sens ordinaire : *irrévocable*.

Aujourd'hui l'envoi définitif n'est plus irrévocable sous plusieurs autres rapports :

1° A l'égard de l'absent lui-même, ce qui est fort juste, l'art. 132 est formel : *même après l'envoi définitif* ;

2° A l'égard des enfants et descendants, et cela *a fortiori*, puisque le projet, si sévère pour l'absent, faisait déjà exception pour les enfants ; mais l'art. 133 a supprimé les conditions de minorité et de preuve de décès.

Que déciderons-nous, en ce qui concerne toute autre personne qui se présenterait en qualité d'héritier de l'absent, et qui, en prouvant le décès, intenterait la pétition d'hérédité contre les envoyés définitifs ?

Nous traiterons cette question sous la section suivante.

D'après le Code civil, l'envoi définitif veut dire le dernier envoi; si le premier a pu être appelé provisoire, maintenant tout est terminé, on est arrivé à la dernière phase de l'absence. Il signifie également qu'il y a attribution de droits incommutables aux envoyés, dans leurs rapports avec les tiers : ils ont dorénavant sur les biens la puissance d'un véritable propriétaire, ce qui résulte de ces expressions : « *l'absent recouvrera ses biens dans l'état où ils se trouveront, le prix de ceux qui auraient été aliénés, ou les biens provenant de l'emploi qui aurait été fait du prix de ses biens vendus* (art. 132). La position est définitive vis-à-vis du public ; ce qui aura été fait par les envoyés définitifs sera respecté, non-seulement par l'absent, mais encore par ses enfants et descendants : « *comme il est dit en l'article précédent,* » dit en effet l'article 133.

Pour obtenir l'envoi en possession définitif, la marche à suivre par les ayants droit est celle tracée par l'art. 860 C. pr. Cet article, il est vrai, ne s'applique qu'à l'envoi provisoire, mais l'analogie étant complète, nous l'étendons à l'envoi définitif; une requête sera donc adressée au président du tribunal du domicile de l'absent. Le tribunal pourra prononcer l'envoi définitif sans enquête, s'il est convaincu qu'il n'y a pas de nouvelles : l'enquête n'est indispensable que lorsqu'il s'agit de l'envoi provisoire (art. 116); ici, les juges apprécieront selon les circonstances, ils pourront en ordonner une s'ils ont quelque doute.

Rapports des envoyés définitifs entre eux.— Nous avons déjà vu que le partage pouvait être provoqué dès l'époque de l'envoi provisoire; aussi l'art. 129, en nous parlant du partage que les ayants droit pourront demander, a-t-il en vue le cas où l'époux commun, ayant opté pour la continuation, a arrêté l'envoi provisoire et par contre le partage des biens de l'absent. Si, au contraire, l'envoi provisoire avait eu lieu, le partage effectué à cette époque n'aurait pas besoin d'être refait au moment de l'envoi définitif, à moins qu'il ne résultât des circonstances ou d'actes que les copartageants n'ont voulu faire qu'un partage provisoire, *provisionnel*, comme dit l'art. 466 *in fine*, c'est-à-dire, quant à la jouissance seulement.

Le rapport s'effectuerait également s'il n'y avait pas eu d'envoi en possession provisoire, l'absent ayant atteint sa centième année lors de la déclaration d'absence.

Rapports des envoyés définitifs envers les tiers. — Les envoyés en possession définitif, véritables propriétaires à l'égard des tiers, peuvent vendre, hypothéquer et faire tous autres actes à titre onéreux sans aucunes entraves (art. 132); tous ces actes devront être respectés par l'absent de retour ou par ses représentants.

L'art. 132 étant général et ne faisant aucune distinction : « *l'absent recouvrera ses biens dans l'état où ils se trouveront* » ; nous en conclurons que l'absent devra maintenir non-seulement les donations à titre de dot (art. 1440, 1547, 1548) qui, donnant lieu à garantie, constitueraient les envoyés en perte, si elles étaient révoquées, mais encore toutes les donations de quelque nature qu'elles soient. En effet, les envoyés définitifs représentent l'absent d'une manière absolue, et celui-ci est obligé d'accepter tout ce qu'ils ont pu faire ; d'ailleurs, il ne peut se plaindre de cet état de choses, résultat le plus souvent de sa négligence ; négligence que le projet primitif allait jusqu'à punir par une déchéance complète de tous ses droits.

Si l'envoi définitif arrivait à la suite de l'administration légale, ou bien sans passer par l'envoi provisoire à raison de l'âge de l'absent ; nous admettons sans difficulté que les réservataires pourraient intenter contre un donataire entre-vifs l'action en réduction, droit que nous avons concédé même au simple envoyé en possession provisoire.

Rapports des envoyés définitifs envers l'absent ou tout autre ayant droit, auquel ils peuvent être tenus de restituer les biens. — A la différence de l'envoi provisoire, nous n'avons plus dans cette période de garanties de restitution. Les cautions sont déchargées et pour l'avenir et pour le passé.

Mais les cautions sont-elles déchargées de plein droit dès que l'envoi définitif peut être demandé ; ou bien ne le sont-elles que lorsque le tribunal a statué sur la demande des parties intéressées ?

Beaucoup d'auteurs soutiennent cette dernière opinion, voici comment ils raisonnent : ce ne sera qu'après l'envoi définitif que la situation sera changée ; or, les cautions ont été données pour garantir la gestion des envoyés en possession provisoire, du moment que cette gestion continue, il faut donc que les cautions la garantissent.

Mais cette doctrine nous paraît bien dure pour les cautions ; dans cette matière exceptionnelle, nous aimons mieux adopter la disposition littérale de l'art. 129 : « *Les cautions seront déchargées,* » c'est-à-dire déchargées de plein droit. Les auteurs qui soutiennent l'opinion contraire disent que la caution est responsable de toutes les obligations que contractent les envoyés en possession provisoire, mais c'est là précisément la question que nous cherchons à résoudre, et nous revenons toujours à nous demander : si les cautions se sont engagées pour tout le temps de la gestion, ou seulement jusqu'à l'époque où l'envoi définitif peut être demandé? Eh bien ! nous croyons que les cautions sont libérées par le seul effet du laps de temps, et alors même que les envoyés provisoires resteraient dans une complète inaction.

Pour corroborer cette opinion que les cautions sont déchargées de plein droit, opinion conforme à celle énoncée par un des tribuns, un auteur ajoute cette considération : «D'après l'art. 2262, dit-il, l'obligation de la caution remontant à trente ans, est éteinte par la prescription ; ce sera en vain qu'on lui dira : nous vous poursuivons pour des actes d'administration récents, qui ne remontent peut-être pas à six mois ; la caution répondra victorieusement : je n'ai contracté qu'une obligation, celle de garantir une administration en bloc ; je n'ai pas été poursuivie, je suis libérée par la prescription ; ma situation n'est-elle pas la même que celle que j'aurais, si j'avais cautionné un mandataire? or, qui soutiendrait, dans ce cas, que le mandant aurait, après trente ans d'inaction, le droit de me poursuivre même pour des actes du mandat, de date plus récente? Nous croyons effectivement que ces prétentions de la caution sont fondées, mais il nous semble que ces considérations ne résolvent pas dans tous les cas la question. En effet, l'envoi définitif peut avoir lieu parce que l'absent a cent ans d'âge, dans ce cas l'obligation des cautions n'existe peut-être que depuis quelques années seulement. Concluons donc qu'indépendamment de cet argument, qui ne pourra être invoqué que lorsque l'envoi en possession définitif sera prononcé trente ans après l'envoi provisoire, notre opinion se justifie suffisamment par le texte de l'art. 129, et par cette considération : qu'il ne fallait pas imposer à ces cautions une obligation par trop indéfinie, qui les aurait fait reculer devant le fardeau d'une responsabilité dont la cessation ne pouvait être prévue.

Les envoyés définitifs ne sont tenus de restituer que la masse des biens seulement, et non les objets considérés individuellement, ce qui est indiqué par ces expressions : *« L'absent recouvrera le prix de ceux aliénés ou les biens provenant de l'emploi »* (art. 132).

Lorsque les biens ont été aliénés, si le prix est encore dû, il n'y a pas de difficulté, la créance de ce prix, de même que toutes les actions en nullité ou en rescision qui appartiendraient aux envoyés à l'occasion de ces aliénations, passeront à ceux qui viendront réclamer le patrimoine de l'absent ; et cela de plein droit, sans qu'il y ait lieu a aucune cession. Il est encore évident que si le prix de l'aliénation, qui a été touché, a servi à acheter des immeubles ou des actions, avec déclaration de la part de l'envoyé que ces valeurs étaient destinées à remplacer dans le patrimoine de l'absent les objets aliénés; il est évident, disons-nous, que, dès lors, l'objet acquis est mis au lieu et place de l'objet aliéné (art. 1434) : le résultat est le même que si on avait fait un échange au moyen d'un acte unique, seulement dans ce dernier cas la déclaration d'emploi serait inutile, il y aurait de plein droit subrogation réelle (art. 1407). L'absent de retour sera obligé d'accepter les opérations avec leurs conséquences favorables ou défavorables, sans jamais pouvoir les critiquer.

Mais voici une situation plus embarrassante : l'envoyé a fait le placement du prix sans déclaration d'emploi; il a acheté un immeuble qui a péri; peut-il dire à l'absent : « Voici mon placement, la perte est pour votre compte? » L'absent ne peut-il pas au contraire lui répondre : Vous êtes devenu mon débiteur, la valeur nouvelle ne me regarde pas, elle n'aurait pas fructifié pour moi ne l'ayant pas achetée en mon nom; vous ne pouvez dès lors m'associer seulement aux pertes; ce serait violer les lois de la réciprocité et la règle *quem sequuntur commoda, eumdem sequi debent incommoda?* » Il nous paraît raisonnable si nous permettons à l'envoyé de mettre les pertes à la charge de l'absent, de faire par corrélation, profiter ce dernier des augmentations, ce qui sera fort difficile, nous en convenons; comment, en effet, connaître quelle a été la destination des fonds de l'absent? Quoi qu'il en soit, nous croyons que les juges pourront décider en fait et reconnaître que les capitaux de l'absent ont été employés à telle ou telle acquisition; dans ce cas, bien qu'il n'y ait pas eu d'emploi formel, ils attribueront ces biens à l'absent, soit qu'ils aient augmenté ou diminué de valeur; s'ils ont péri, l'envoyé sera complétement libéré, on statuera *ex æquo et bono.* Nous ne nous laissons pas arrêter par cette objection que les art. 1434 et 1435 exigent, pour qu'il y ait remploi, une déclaration formelle, car il nous semble que cette exigence, facile à expliquer dans le contrat de mariage où la loi craint toujours les donations indirectes entre époux, n'a rien à faire dans notre matière.

Si nous admettons, au contraire, que le placement n'a pu être reconnu en fait, alors il nous semble que l'envoyé devra toujours restituer le prix.

Cette solution n'est pas unanimement admise. Un des auteurs qui ont le plus approfondi notre sujet, M. Demolombe, donne à l'envoyé définitif le droit,

lors même que le placement est parfaitement constaté, de rendre le prix ou l'objet acquis selon qu'il
y trouve son avantage. Cette opinion est bien favorable à l'envoyé puisqu'elle lui donne l'option dans
tous les cas; on l'appuie sur une décision d'Ulpien
rapportée au Digeste (L. 25, § 1, *de hereditatis pe-
titione*). Il est question dans cette loi du possesseur
de bonne foi d'une hérédité, qui d'après le sénatus-
consulte Juventien, ne gagnait pas les fruits (à la
différence de notre droit français aux termes de
l'art. 138); on appliquait la maxime : *fructus augent hereditatem*, ces fruits étaient considérés comme un développement de la masse héréditaire. Mais,
d'un autre côté, ce possesseur n'était pas tenu de
rendre ce qu'il avait consommé de bonne foi sans
s'enrichir. Nous voyons que notre hypothèse est
tout à fait analogue; or, Ulpien décide que si le
possesseur de bonne foi avait dissipé l'argent, il
n'aurait rien à rendre. Eh bien ! ici l'envoyé a
acheté cinquante ce qui ne vaut plus que vingt-
cinq, n'est-ce pas comme s'il avait dissipé la différence ? Si la chose acquise a au contraire augmenté de valeur, il répondra à l'absent : « Je n'ai
touché que tant, je suis dans les termes de l'art.
132, je vous rends le prix ; ce à quoi je suis tenu
seulement, c'est de ne pas m'enrichir à vos dépens. »

Mais l'application de ce texte ne nous paraît pas

juste, car l'art. 132 exige que l'envoyé rende le prix des biens qui auraient été aliénés et ne fait aucune distinction relativement à l'usage que l'envoyé en possession aura pu faire du prix : notre loi française n'est pas partie de cette idée : « *hactenus tenetur, quatenus locupletior factus est.*» Ce sera donc toujours le prix qui sera restitué, à moins qu'il n'y ait emploi constaté; seulement en ce qui concerne cette constatation, les juges pourront se montrer plus ou moins difficiles.

Si les envoyés définitifs ont fait des donations, que déciderons-nous ?

En principe, nous dirons qu'ils n'ont rien à rendre, puisqu'ils n'ont rien reçu en échange. Si ces donations étaient grevées de charges, ce serait là un équivalent dont ils devraient tenir compte à l'absent de retour. Enfin, si les envoyés définitifs avaient constitué une dot à leurs enfants, il y aurait pour eux un bénéfice réel; ils auraient donc à restituer, non pas toujours la valeur totale du bien donné, mais seulement le montant de la dot qu'ils auraient constituée s'ils avaient été réduits à leurs propres biens : *quatenus propriæ vecuniæ pepercerunt.*

Cette dernière proposition n'est nullement en contradiction avec ce que nous venons de dire plus haut, relativement au cas où l'envoyé en possession a vendu un bien de l'absent, et a touché le prix de la vente. En effet, dans ce cas, les chances que le vendeur a de perdre le prix, sont compensées par des chances contraires, puisque l'envoyé en possession peut employer ce prix d'une manière avantageuse, et en tirer des bénéfices à son profit.

A l'égard des envoyés en possession provisoire, on a élevé des doutes sur l'étendue de leurs pouvoirs, on a voulu à l'exemple du tuteur établir une distinction entre l'attaque et la défense judiciaires; nous n'avons pas admis cette opinion en présence des art. 817 et 840. Quand il s'agit des envoyés en possession définitifs, les auteurs reconnaissent unanimement qu'ils ont l'exercice de toutes les actions, soit en demandant, soit en défendant.

SIXIÈME SECTION.

Des causes qui font cesser l'envoi en possession définitif.

1° *Ouverture de la succession de l'absent* (art. 130).—Cet article figure parmi les causes qui font cesser l'envoi provisoire; nous le plaçons également ici à propos de la cessation de l'envoi définitif, car il est général. L'héritier le plus proche au jour du décès pourra donc intenter la pétition d'hérédité contre les envoyés définitifs, qui, héritiers les plus proches au jour de la disparition, ne le sont plus à l'époque du décès prouvé. Cette action durera trente ans (art. 2262) : mais observons que la prescription ne commencera à courir que lorsque l'action sera née, c'est-à-dire à partir du décès de l'absent.

On admet universellement que la prescription court contre les véritables héritiers, dès le décès de l'absent, même pendant l'envoi en possession provisoire : donc, si trente années se sont écoulées depuis le décès prouvé de l'absent, ils auront prescrit contre la pétition d'hérédité des héritiers de l'absent. Ce qui démontre que la prescription court en général dès le décès de l'absent, même pendant l'envoi provisoire, c'est l'art. 133, qui, exceptionnellement et par faveur pour les enfants et descendants de l'absent, lui assigne, comme point de départ, l'envoi définitif.

Les plus proches héritiers au jour du décès prouvé, qui se présenteront dans les trente ans, ne pourront enlever la masse entière des biens, qu'autant qu'ils se trouveront en conflit avec des adversaires jouissant en qualité d'héritiers. Il est des biens en effet auxquels ils ne pourront nullement prétendre ; il existe des légataires, par exemple, qui sont en possession de leurs legs; nous supposons bien entendu, que les légataires ont survécu à l'absent, et que celui-ci n'a pas modifié son testament; eh bien ! en pareille hypothèse, il faut décider que l'envoi a été valablement fait, et que la propriété des objets légués est dès lors fixée irrévocablement. Si l'absent, au contraire, avait survécu aux légataires, alors, les legs seraient caducs (art 1039), et viendraient grossir la masse revendiquée. Il faut en dire autant du droit de retour des art. 951 et 952 : on l'a cru ouvert au profit du donateur, mais plus tard, on vient à apprendre que l'absent est décédé après le donateur; alors les héritiers de ce dernier seront obligés de restituer les biens donnés, qui se trouvent entre leurs mains en vertu d'un droit qui ne s'est jamais ouvert au profit de leur auteur.

Quant au nu-propriétaire, il n'a pas besoin de survivre à l'absent usufruitier, il a transmis son droit à ses propres héritiers ; il est démontré seulement que la réunion de l'usufruit à la nue-propriété a été opérée avant le temps ; on se bornera à reprendre une portion des fruits perçus par anticipation ; mais l'extinction de l'usufruit n'en sera pas moins consommée.

La déclaration d'absence est prononcée en 1835, la disparition remontant à 1830 ; l'absent était usufruitier d'un immeuble d'un produit de cinq mille francs par an ; le nu-propriétaire, aux termes de l'art. 123, reprend son immeuble et les vingt-cinq mille francs qu'il a produits pendant la période de la présomption d'absence. Cela posé, on apprend, en 1838, que l'absent est mort en 1837 ; l'usufruit ne s'étant en réalité éteint qu'à cette dernière époque, il y aura lieu de restituer aux ayants droit les vingt-cinq mille francs capitalisés pendant la présomption d'absence ; les intérêts de cette somme de 1835 à 1838 seront gardés par le nu-propriétaire dans la proportion de l'art. 127 ; la même retenue se fera sur les revenus de l'immeuble, mais seulement jusqu'en 1837, car à partir de ce moment, l'usufruit ayant fait retour à la nue-propriété, tous les fruits lui appartiennent en sa qualité de propriétaire.

2° *Retour ou existence prouvée de l'absent* (article 132).—Dans le premier projet, l'envoi, comme nous l'avons vu, était définitif dans toute la rigueur du mot, à l'égard de l'absent qu'on trouvait en faute de ne pas s'être présenté. Mais ce système inique, contre lequel Cambacérès s'éleva avec énergie, fut rejeté. Quand l'existence de l'absent est prouvée, si plus tard elle redevient incertaine, on recommence alors les différentes périodes déjà parcourues : présomption d'absence, envoi provisoire et envoi définitif.

3° *Pétition intentée par les enfants et descendants de l'absent* (art. 133). — L'action des enfants et descendants sera admise pourvu qu'ils se présentent dans les trente ans au plus, à partir de l'envoi définitif. Ce qu'il y a de spécial ici, ce n'est pas la pétition d'hérédité, que nous accordons à tous les ayants droit quelconques, mais le droit absolu qui appartient aux enfants et descendants, d'agir en invoquant leur qualité seule, sans être astreints à fournir la preuve du décès de l'absent. L'article 133 n'exige pas, en effet, comme l'art. 19 du projet, qu'ils apportent la preuve de ce décès et qu'ils aient été mineurs à cette époque. Nous supposons évidemment que ces enfants ont, d'après les principes généraux, le droit d'évincer les envoyés pour la totalité ; car s'il s'agissait d'enfants naturels, ils ne pourraient réclamer que dans les limites de l'art. 757 ; l'absence ne peut être une cause d'accroissement de leurs droits. En admettant qu'un testament ait attribué les biens à des légataires, ceux-ci ne pourraient être dépouillés que jusqu'à concurrence de la réserve ; et leur qualité ne pourrait être contestée en argumentant de l'art. 906, car les revendiquants ne fournissent pas la preuve du décès de l'absent.

Lorsque ce sont des ayants droit autres que les enfants ou descendants, qui, sans apporter la preuve du décès de l'absent, prouvent seulement qu'ils étaient les héritiers les plus proches au jour de la disparition, nous leur accordons le droit de revendiquer les biens par une sorte de pétition d'hérédité utile, contre ceux qui ont été indûment mis en possession, lors même que ces derniers ont obtenu l'envoi définitif ; mais la prescription a couru contre eux du jour où ils ont pu agir, c'est-à-dire dès l'envoi en possession provisoire. Nous pouvons également supposer que ces ayants droit, tout en reconnaissant que les envoyés étaient véritablement les héritiers les plus proches au jour de la disparition, réclament les biens en alléguant que des nouvelles reçues postérieurement ont changé la situation, et qu'en se plaçant au jour du décès présumé, qui n'est plus le même, la proximité de parenté se trouve exister en leur faveur ; alors, dans cette hypothèse, la prescription ne courra que du jour de ces dernières nouvelles, époque de l'ouverture de leur droit.

D'après ce qui précède, nous voyons que la prescription court contre les intéressés pendant l'envoi provisoire, à l'exception des enfants et descendants, à l'égard desquels elle ne commence à courir qu'à partir de l'envoi définitif. La pétition d'hérédité des enfants ne se prescrira pas également durant l'envoi provisoire, en admettant même le décès prouvé pendant cet envoi ; l'art. 133 ne distingue pas entre les deux cas : soit que les enfants revendiquent le bénéfice de l'envoi, soit qu'ils revendiquent la succession, la décision est la même. Nous admettons que, si le décès de l'absent arrive après l'envoi définitif, la prescription ne courra contre les enfants que du jour de ce décès : l'art. 133 contient une disposition de faveur, qui ne peut être retournée contre eux et les placer, au point de vue qui nous occupe, dans une position plus désavantageuse que celle de tout autre ayant droit, dont l'action ne commencerait à se prescrire, aux termes de l'art. 130, qu'à partir du jour du décès, moment où s'ouvre le droit.

En résumé, d'après notre théorie, la restitution doit être faite par les envoyés définitifs:

1° A l'absent, à quelque époque qu'il reparaisse: aucune prescription ne court contre lui ; tant qu'il vit il n'y a pas de succession (art. 132).

2° Aux enfants et descendants, qu'ils invoquent ou non la qualité d'héritiers ; en faisant observer toutefois que lorsqu'ils agissent comme héritiers, la prescription ne court contre eux que du jour du décès, s'il est arrivé après l'envoi définitif. Dans toutes les autres hypothèses, le point de départ de la prescription est invariable, c'est l'envoi définitif; soit qu'ils réclament le bénéfice de l'envoi seul, soit qu'ils revendiquent la succession (art. 133), munis de la preuve du décès de l'absent.

3° A tout héritier qui apportera la preuve du décès de l'absent; mais il ne jouira pas du bénéfice accordé aux enfants et descendants seuls, aux termes de l'art. 133 ; ceux qui possèdent, jouant le rôle d'héritiers, prescriront contre lui à partir du décès (art. 130.)

4° Aux véritables ayants droit à l'envoi en possession, dans le cas où il y a eu de faux envoyés en possession provisoire; mais la prescription courra contre eux du jour de l'envoi, époque à laquelle leur droit a pris naissance, et s'ils n'ont vu naître leur droit que postérieurement, par la réception de nouvelles de l'absent, ces nouvelles serviront de point de départ à la prescription. Dans le cas d'erreur sur la qualité des envoyés en possession provisoire, la prescription s'accomplira ordinairement avant l'envoi définitif qui n'a lieu que trente ans après l'envoi provisoire ; il en serait autrement, si nous nous trouvions dans l'hypothèse rare où l'absent aurait atteint cent ans d'âge (art. 129).

Un autre système consiste à supprimer l'hypothèse de l'art. 130, qui exige que les héritiers prouvent le décès. On prétend, dans ce système, que l'envoi définitif donne la propriété incommutable, excepté à l'égard de l'absent et de ses descendants. Voici comment raisonnent les partisans de cette opinion : « D'après le projet primitif, disent-ils, les envoyés en possession définitifs étaient propriétaires incommutables *erga omnes*, sauf une exception en faveur des enfants et descendants de l'absent. On a modifié cette disposition trop dure dans l'art. 132; mais cet article n'a étendu le bénéfice de la reprise des biens qu'à l'absent; on a gardé le silence relativement aux héritiers de l'absent, autres que ses enfants et descendants; donc l'art. 130 qui parle de ces héritiers, ne doit s'entendre que du cas où ils se présentent pendant l'envoi provisoire ; vérité surabondamment démontrée par ce même art. 130, dont la partie finale renvoie à l'art. 127, relatif à la retenue des fruits, ce qui n'est applicable qu'à cette période. D'un autre

côté, l'art. 132, en imposant l'obligation de restituer les biens, dit que l'absent les *recouvrera dans
l'état où ils se trouveront;* il valide les aliénations,
et rend les envoyés définitifs propriétaires incommutables vis-à-vis des tiers. Il en est de même
dans l'art. 133, dont la disposition finale porte :
comme il est dit en l'article précédent. Au contraire, l'art. 130 ne nous dit rien de semblable,
et c'est avec raison, puisqu'il suppose que les héritiers revendiquent contre les envoyés provisoires,
lesquels, en qualité d'administrateurs, sont toujours obligés de rendre compte. L'économie de
ces articles montre donc l'évidence de ce système :
que les héritiers autres que les enfants et descendants, ne peuvent revendiquer les biens contre les
envoyés définitifs : si la loi avait voulu leur donner
ce droit, elle n'aurait pas manqué de dire dans
l'art. 130, comme elle l'a fait dans les art. 132 et
133, que les héritiers *recouvreront les biens dans
l'état où ils se trouveront.* »

Ce système paraît très-plausible, il est basé sur
l'étude de l'historique de la matière, qui nous apprend, en effet, que le mot *définitif* était pris dans
un sens très-large. En second lieu, ces expressions :
même après l'envoi définitif, de l'art. 132, ne sem-
blent-elles pas indiquer que le législateur ne s'est
occupé jusque-là que de l'envoi provisoire ? ne

font-elles pas ressortir le sens de l'art. 130 qui n'a trait qu'à l'envoi provisoire?

Nonobstant ces raisons, les objections suivantes nous ont fait adopter l'opinion contraire : le système primitif voulait sans doute que l'envoi fût définitif pour tout le monde, même pour l'absent; ses enfants et descendants exceptés ; mais on reconnaît que l'art. 132 l'a modifié; qu'on ne vienne pas nous dire qu'il n'y a innovation qu'à l'égard de l'absent et non en ce qui concerne ses héritiers; car nous répondrons que dès l'instant que ce bénéfice est accordé à l'absent, il est naturel d'y faire participer ceux qui le représentent : nous ne sommes plus dans le projet où il fallait pour pouvoir agir la qualité favorable de descendants mineurs.

L'art. 130 ne distingue pas si la restitution a lieu pendant l'envoi provisoire ou l'envoi définitif. Nous reconnaissons sans difficulté que l'ensemble de cet article et les termes de l'art. 132 semblent favoriser l'opinion que nous combattons, mais ces expressions étaient la conséquence du système primitif qui refusait à l'absent et à tous autres le droit à la restitution. Est-ce suffisant pour détruire la généralité de l'art. 130, qui ne fait aucune distinction? Nous ne le croyons pas. Notre art. 130 a été présenté comme étant la conséquence des principes généraux du droit, on a dit : il faut donner aux héritiers les mêmes droits qu'à l'absent ; ne serait-il pas bizarre, en effet, de voir l'absent qui ne pourrait pas transmettre ses droits à ses héritiers ? D'ailleurs en nous reportant à la rédaction de l'art. 130 telle qu'elle était dans le projet, nous y trouvons ce qui suit : « la succession de l'absent sera ouverte au profit des héritiers les plus proches, dans le cas de décès prouvé pendant l'*envoi provisoire*. » Or, chose fort remarquable, ces dernières expressions furent supprimées dans la séance du 4 frimaire, ce qui prouve évidemment l'intention d'admettre notre système ; cette suppression ne se comprendrait plus de la part des rédacteurs du Code, s'ils avaient admis l'opinion de nos adversaires (Voyez Fenet, t. VIII, p. 391).

Disons en terminant que l'art. 130 doit être complété par les art. 132 et 133, aux termes desquels les biens ne peuvent être recouvrés que *dans l'état où ils se trouveront.* On ne peut évidemment accorder à ces héritiers ordinaires des droits plus étendus que ceux concédés aux enfants. Quant à la rédaction si peu correcte de l'art. 130, nous n'en sommes pas surpris, nous y voyons, comme dans l'art. 120, les traces d'un projet abandonné.

La prescription courra-t-elle contre les enfants mineurs, ou sera-t-elle suspendue pendant la minorité aux termes de l'art. 2252 ?

Quelques auteurs prétendent que le délai de l'article 133 est un délai préfix nullement régi par l'art. 2252 ; il ne faut pas, selon eux, que les enfants puissent cumuler les deux bénéfices, on doit appliquer à notre hypothèse l'art. 2264 ; mais il nous semble que c'est prêter au législateur une pensée qu'il n'a jamais eue, jamais il n'a voulu dire dans l'art. 2264 que les règles générales de la prescription ne seraient pas applicables aux cas spéciaux. Cet article signifie seulement que le titre de la prescription ne supprime pas les règles particulières sur la matière, qui sont éparses dans le Code civil. Ainsi on devra observer la disposition de l'art. 966 qui, dans le cas de révocation pour cause de survenance d'enfants, fait courir la prescription à partir seulement de la naissance du dernier enfant. Mais quant aux règles générales de la prescription, elles devront toujours être suivies, à moins d'un texte formel qui y déroge. Nous appliquerons donc l'art. 2252 à notre hypothèse, car la suspension pour cause de minorité régit toutes les grandes prescriptions de dix ans et au-dessus. On vient nous dire que l'art. 133 étant des plus favorables aux enfants et descendants, c'est une raison pour leur enlever le bénéfice de la suspension pour cause de minorité, bénéfice dont jouiraient, sans aucun doute, les autres héritiers dont parle l'article 130 ; il nous semble, au contraire, que c'est une raison pour le leur accorder de préférence à tous autres. On nous objecte, il est vrai, que nous

ne songeons pas aux inconvénients d'une incertitude si prolongée ; mais il suffit de répondre que
cette incertitude, avec ses inconvénients, n'en
existe pas moins dans toute matière, qu'elle est la
conséquence de l'art. 2252. Notons même que, dans
notre hypothèse, la propriété ne sera incertaine
que dans les rapports des enfants et descendants
avec les envoyés définitifs, et non à l'égard des tiers
acquéreurs qui ne peuvent jamais être inquiétés.

CHAPITRE II.

DES EFFETS DE L'ABSENCE, RELATIVEMENT AUX DROITS ÉVENTUELS QUI PEUVENT COMPÉTER A L'ABSENT.

Nous allons traiter ici des droits qui ne peuvent prendre naissance que sous la condition de l'existence de l'absent; droits futurs et incertains, s'adressant à l'absent lui-même, et qu'il ne peut transmettre qu'autant qu'il en a été personnellement investi. Nous citerons comme exemples de ces droits que la loi appelle éventuels :

Le droit à une succession : l'héritier doit la recueillir en personne, il faut donc qu'il existe au moment de l'ouverture (art. 725).

Le droit à un legs : le légataire doit exister à la mort du testateur dans le legs pur et simple (art. 906), à l'époque de la réalisation de la condition, lorsque le legs est conditionnel (art. 1040).

Le droit résultant d'une institution contractuelle :

le donataire ne profite de la donation qu'autant qu'il survit au donateur (art. 1089).

Le droit de retour stipulé dans une donation entre vifs : il faut que le donateur survive au donataire (art. 951).

Le droit à une substitution : l'appelé doit survivre au grevé (art. 1048 et 1049).

Le droit au paiement des arrérages d'une rente viagère : il faut prouver l'existence du créancier ou de la personne sur la tête de laquelle la rente a été constituée (art. 1983), etc.

Si des droits de cette nature s'ouvrent au profit d'un absent, le mandataire ou l'envoyé en possession qui viendra réclamer en son nom, sera repoussé par les intéressés qui lui diront : « prouvez que celui que vous représentez existait au moment où le droit s'est ouvert ». Et certes, le réclamant ne pourra pas leur répondre : « mais prouvez vous-mêmes que mon auteur était mort à cette époque, » car c'est celui qui affirme qui doit prouver que sa demande est fondée (art. 135) : ce n'est là, au reste, que l'application du principe de l'art 1315.

L'absence se divise en plusieurs périodes, dont le caractère varie à mesure que le temps s'écoule ; mais cette distinction n'est vraie qu'en ce qui concerne les biens que l'absent avait au jour de sa disparition ou de ses dernières nouvelles. S'agit-il, au contraire, de droits éventuels, les art. 135 et 136 seront toujours applicables à quelque époque de l'absence que l'on se place. C'est pour faire disparaître tout doute à cet égard, qu'on a remplacé le mot *absent*, qui se trouvait dans la première rédaction des art. 135 et 136, par ces expressions : *individu dont l'existence ne sera pas reconnue*. Au Conseil d'État, il est vrai, quelques membres demandèrent que la succession fût provisoirement déférée aux représentants de l'absent jusqu'à la déclaration d'absence ; mais cette opinion a disparu sans laisser de traces.

On suppose, dans l'art. 113, que l'absent présumé est intéressé dans une succession, puisqu'on y parle de partage, comptes et liquidations auxquels devra présider un notaire au nom de l'absent présumé ; pour concilier cette disposition avec l'art. 136, il faut se placer dans l'hypothèse où la succession était ouverte avant la disparition de l'absent : si cette succession était restée indivise pendant toute la période de la présomption d'absence, aucun des intéressés n'ayant invoqué le bénéfice de l'art. 815, alors, il y aurait envoi en possession provisoire de la part de l'absent dans cette succession, et les envoyés pourraient provoquer le partage (art. 817). L'art. 113 serait également applicable, lors même que la succession se serait ouverte après la disparition, dans le cas où les cohéritiers ne se seraient pas prévalus de la faculté que leur concède l'art. 136.

Il est arrivé assez souvent que, bien qu'une personne ait disparu, certains tribunaux l'ont fait néanmoins représenter à ses frais, à l'ouverture d'une succession, en donnant pour motif qu'il n'en résultait aucun inconvénient. Nous croyons qu'il ne faut pas pousser trop loin ces mesures protectrices; on ne doit pas trop gêner les cohéritiers présents, qui ont le droit de traiter l'absent comme s'il n'existait pas; nous sommes d'accord avec Merlin, quand il dit qu'on ne pourrait forcer les cohéritiers à faire inventaire; mais quand on en fait un, nous ne voyons pas quelle raison on allèguerait pour empêcher que l'absent n'y fût représenté à ses frais.

Avant la déclaration d'absence, la question de savoir si une personne est présumée absente, est une pure question de fait; il ne suffirait pas, en effet, d'une non présence pour invoquer l'art. 136; sans cela, toute procuration donnée pour représenter le mandant dans l'exercice de droits éventuels, deviendrait inutile; on ne manquerait pas de dire invariablement au mandataire : « prouvez l'existence de celui que vous représentez. » Les tribunaux apprécieront.

L'art. 136 fait naître une question célèbre : celle de savoir si les descendants d'un présumé ou déclaré absent, peuvent le représenter dans une succession ouverte depuis sa disparition. Voici la situation dans laquelle on se place : le *de cujus* avait deux fils, l'un Primus, qui est présent; l'autre Secundus, dont l'existence n'est pas reconnue, mais qui a lui-même des enfants présents; dirons-nous que l'enfant présent aura droit à toute la succession, ou bien au contraire, que la succession devra être partagée avec les enfants de l'absent, réclamant la moitié par droit de représentation? Proudhon attribue la succession en entier à Primus, en s'appuyant sur ce que les enfants ne peuvent exercer la pétition d'hérédité, ni du chef de leur père, ce qui exigerait la preuve de l'existence de l'absent au jour de l'ouverture de la succession (art. 135 et 136), ni en leur propre nom, et comme venant par droit de représentation, parce que la mort de l'absent n'est pas prouvée, et qu'on ne peut représenter que ceux qui sont décédés (art. 744).

Reculant devant l'iniquité d'un pareil système, plusieurs auteurs ont répondu à Proudhon, en mettant dans la bouche des intéressés ce dilemme : « ou notre auteur absent était mort avant le *de cujus*, alors nous invoquons le bénéfice de la représentation; ou bien il lui a survécu, cas auquel sa part nous a été transmise dans sa propre succession. »

Avec ce dilemme , on reste dans le vague , on dit que c'est l'une ou l'autre hypothèse, d'accord ! Mais à laquelle de ces deux alternatives doit-on s'arrêter ? Si l'absent seul avait reçu une libéralité du *de cujus*, pas de difficulté, car le rapport devrait être effectué, quelque opinion qu'on adopte. Mais si les enfants de l'absent sont également donataires, devront-ils rapporter les donations à eux faites ? Oui, s'ils succèdent par représentation; non, s'ils arrivent par voie de transmission; il faut donc nécessairement sortir de cette situation hésitante, les enfants doivent indiquer à quel titre ils se présentent. Cette nécessité de prendre parti se fait également sentir sous bien d'autres points de vue: en effet, si l'absent a succédé , les biens de la succession doivent servir à payer ses créanciers ; il en est autrement, si ses enfants sont héritiers eux-mêmes, et que, d'ailleurs, ils n'aient pas accepté purement et simplement la succession de leur père; s'ils viennent du chef de l'absent, les biens de la succession dont il s'agit seront compris dans l'envoi en possession; en conséquence, la qualité d'envoyé en possession s'opposera à ce qu'ils puissent prescrire contre l'absent; il n'en est plus de même, s'ils viennent par représentation, car alors, ils posséderont en qualité d'héritiers , et pourront prescrire.

Quant à nous, suivant l'opinion commune, nous admettons que la représentation a lieu en faveur

des descendants de l'absent. Ils invoqueront l'art.
136 qui nous paraît trancher la question en faveur
de la représentation, car il déclare que la succession ouverte au profit de l'absent sera dévolue à
ceux qui l'auraient recueillie *à son défaut*, c'est-à-
dire, à ceux qui l'auraient recueillie s'il était mort;
or, dans ce dernier cas, les descendants de l'absent
viendraient sans aucun doute par droit de représentation. Il est vrai que Proudhon, s'appuyant sur
ce même article, qui dit que la succession sera dévolue exclusivement à ceux avec lesquels l'absent
aurait eu le droit de concourir, *ou à ceux* (et non
pas *et à ceux*) qui l'auraient recueillie à son défaut,
conclut en ces termes : « la vocation des enfants de
l'absent n'est donc point simultanée avec celle de
leur oncle (Primus), puisque la loi n'appelle que
l'un exclusivement en premier ordre, ou les autres
dans un sens disjonctif, c'est-à-dire, en second
ordre. » Mais entendre la disjonctive *ou* en ce sens,
que ceux qui auraient recueilli la succession à défaut de l'absent, ne sont appelés qu'en second ordre, et à défaut de tout cohéritier du même degré,
n'est-ce pas là évidemment ajouter à l'art. 136, qui
signifie tout simplement que la succession doit
être dévolue à ceux qui l'auraient recueillie à défaut de l'absent, et que l'on doit procéder exactement comme si le décès de l'absent était constaté ?
Cette opinion n'est pas en désaccord avec le sens de

la conjonction *ou*; en effet, elle n'indique pas toujours des faits qui, nécessairement, s'excluent l'un l'autre, rien ne s'oppose à ce qu'elle exprime que les faits coexistent partiellement.

Voici une hypothèse qui met dans toute son évidence la fausseté du système de Proudhon : deux cousins germains du *de cujus* existent dans la ligne paternelle; le seul cousin germain de la ligne maternelle est absent; dans cette dernière ligne, il y a d'autres parents plus éloignés; une succession vient à s'ouvrir, les cousins germains parents au quatrième degré sont appelés à la recueillir, parce qu'ils sont les héritiers les plus proches ; qu'allons-nous faire de la part de l'absent ? D'après Proudhon, cette part doit évidemment appartenir aux deux cousins de la ligne paternelle, car ce sont bien là des personnes avec lesquelles l'absent *aurait eu le droit de concourir*, ils s'en empareront donc , et les autres parents plus éloignés dans la ligne de l'absent seront exclus : or, ce serait violer l'art. 733 qui partage cette succession entre les deux lignes.

En résumé, sur cette question nous dirons que les deux parties de l'art. 136 doivent être appliquées même simultanément, et que la succession doit être traitée comme si l'absent était mort avant le *de cujus*.

Dans tous les cas où le défaut de preuve de

l'existence de l'absent profite à une personne, aucune caution n'est exigée d'elle, l'exercice de son droit n'est subordonné à l'accomplissement d'aucune formalité; à la différence de l'envoyé provisoire, sorte d'administrateur, qui prend en mains le patrimoine de l'absent. La personne dont il s'agit invoque son propre droit, et prend des biens qui lui appartiennent provisoirement, et sur lesquels, ni l'absent, ni personne en son nom n'a justifié d'aucun droit.

Mais cette exclusion de l'absent fondée sur le droit commun, qui assujettit tout demandeur à prouver sa prétention (art. 135, 136 et 1315), ne porte aucune atteinte à ses droits; la loi réserve à lui-même ou à ceux qui viendraient de son chef, l'action en *pétition d'hérédité*, expressions qui se réfèrent à l'hypothèse spéciale d'une succession (art. 133) ; *et d'autres droits*, ajoute l'art. 137, expressions se référant à la disposition générale de l'art. 135 qui embrasse tous les droits éventuels : legs, rente viagère, etc., qui peuvent compéter à l'absent. C'est cette généralité de l'art. 137 qui explique pourquoi on se borne à y dire que les actions s'éteindront *par le laps de temps établi pour la prescription*, sans en déterminer la durée; en effet, cette durée variera selon la nature du droit qui sera l'objet de l'action : trente ans pour la pétition d'hérédité (art. 2262), cinq ans seulement si l'absent réclame les arrérages d'une rente viagère (art. 2277), sauf, bien entendu, pour les tiers acquéreurs d'immeubles, le droit d'invoquer la prescription de dix à vingt ans (art. 2265), et sauf aussi l'application de la maxime : *en fait de meubles, la possession vaut titre* en faveur des acquéreurs de meubles qui sont de bonne foi (art. 2279 et 1141).

La prescription court donc contre l'absent qui ne peut invoquer la maxime : *contra non valentem agere, non currit præscriptio.* En effet, l'absent a pu interrompre la prescription en se représentant ou en envoyant sa procuration ; il n'y a donc eu qu'un empêchement de fait, ce qui n'est pas le cas d'application de notre maxime, (art. 2251). Celui-là seul peut l'invoquer, qui n'a pas eu le *droit* d'agir, dont l'inaction tient à un empêchement de droit (*impedimentum juris*) ce qui a lieu, par exemple, pour les héritiers réservataires qui ne peuvent agir *v.vente testatore*; nous en dirons autant des institués contractuellement, leur titre leur donne le droit de critiquer les aliénations gratuites, faites par le disposant (art. 1083), et d'attaquer les donataires ; mais à quelle époque peuvent-ils agir ? à la mort du disposant seulement, car c'est là l'époque de l'ouverture de leur droit; jusque-là, il existe un *impedimentum juris*, qui arrête le cours de toute prescription.

Les droits de l'absent, quand son existence est

prouvée, et qu'il ne vient pas lui-même agir en personne, sont exercés, soit par des administrateurs
(art. 112), soit par les envoyés (art. 120 et 134).

Tous ceux qui ont profité du bénéfice des art.
135 et 136, jouent le rôle de possesseurs de bonne
foi, et comme tels, gagnent les fruits perçus (art.
549); l'art. 138 est souvent cité pour prouver que,
dans notre droit français, le possesseur de bonne
foi d'une succession gagne les fruits, comme le possesseur d'un objet particulier. Déjà, l'ancien droit
n'appliquait la maxime *fructus augent hereditatem*
que lorsque le possesseur avait profité des fruits, qu'il
s'en trouvait enrichi au jour de la demande; il ne
devait aucun compte de ceux qu'il avait dépensés
lautius vivendo. Aujourd'hui, ce possesseur gagne
les fruits par la simple perception comme rému-
nération de ses soins; nous ne nous occupons pas
de savoir s'il les a ou non capitalisés, ce qui serait
d'une difficulté pratique inextricable. Le législateur a réalisé le vœu de Pothier qui s'exprimait en
ces termes : « Si un père de famille est présumé
« conserver ses fonds, il est, au contraire, présumé
« dépenser ses revenus; le possesseur de bonne foi,
« regardant comme ses revenus les fruits qu'il per-
« çoit des biens d'une succession qu'il croyait lui
« appartenir, il semble qu'on devrait présumer
« qu'il les a dépensés, soit en vivant plus large-
« ment, soit en les employant en aumônes, et qu'il

« n'en est pas enrichi, tant qu'on ne justifie pas le
« contraire, et qu'il devrait en conséquence, être
« déchargé des comptes des fruits. » (*De la Propriété*, n° 430).

Notons que si le texte de l'art. 138 ne parle
que d'une succession, c'est uniquement parce que
le principe qu'il pose ne s'appliquait pas autrefois
au possesseur de bonne foi d'une hérédité; il fallait
donc s'en exprimer formellement. Mais il ne faut
pas croire que le législateur ait voulu déroger à
l'art. 549, qui pose la même règle pour tout possesseur d'objets particuliers ; loin de vouloir restreindre, il a, au contraire, étendu le principe à
tous les possesseurs de bonne foi sans distinction.

Quant à la restitution des biens héréditaires eux-
mêmes, le silence du Code semble indiquer que la
loi s'en est référée aux anciens principes qui ré-
gissaient la pétition d'hérédité ; nous admettrons
donc la règle du droit romain acceptée par l'ancien
droit, d'après laquelle, le possesseur de bonne foi
d'une hérédité, n'était tenu que *quatenus locupletior factus erat.* En conséquence, le possesseur de
bonne foi ne sera tenu des dégradations qu'il aura
fait subir aux biens, que jusqu'à concurrence du
profit qu'il en aura retiré (art. 1632). Nous ne par-
lons, bien entendu, que de ces changements, *qu'il
aurait pu faire sur l'héritage sans fraude, comme
maître et seigneur peut faire pour sa commodité,*

selon les expressions de Loyséau (*du Déguerpisse-ment*, liv. v, ch. xiv); mais non de ces actes injustifiables qu'un propriétaire ne fait jamais, et qui seraient incompatibles avec la bonne foi; d'ailleurs, les juges, en prenant en considération l'époque à laquelle la succession s'est ouverte depuis la disparition de l'absent, pourront se montrer plus ou moins rigoureux selon les circonstances.

Si le possesseur de bonne foi a reçu un prix de vente ou des capitaux, nous ne croyons pas qu'il faille décider, avec le droit romain, qu'il ne sera tenu de restituer qu'autant qu'il en serait encore plus riche au moment de la demande ; il sera réputé enrichi de tout ce qui sera entré en sa possession, tant qu'il ne justifiera pas de la perte. « En effet, » dit Pothier, « il n'est guère pos-« sible de connaître si le possesseur de bonne foi, « qui a reçu des sommes d'argent des débiteurs de « la succession, et du prix de la vente des effets de « cette succession, et qui les a employées, s'en « trouve plus riche ou non au temps de la demande « en pétition d'hérédité; il faudrait pour cela en-« trer dans le secret de ses affaires particulières, « ce qui ne doit pas être permis. Il a fallu, « dans notre pratique française, s'attacher à une « autre règle sur cette matière, qui est que, per-« sonne ne devant être présumé dissiper le fonds « d'un bien qu'il croit lui appartenir, le possesseur

« de bonne foi des biens d'une succession est censé
« avoir profité de tout ce qui lui est parvenu des
« biens de cette succession, et qui en compose le
« fonds mobilier, et en profiter encore au temps de
« la pétition d'hérédité, à moins qu'il ne fasse ap-
« paroir du contraire. » (*Traité du droit de Propriété*, n° 429).

Quant aux aliénations faites par le possesseur de
bonne foi de l'hérédité, la Cour de cassation tend
aujourd'hui à les valider; cette jurisprudence, repoussée par la doctrine, ne se justifie, de l'aveu
même du petit nombre d'auteurs qui l'adoptent,
que par son utilité pratique : raison excellente, si
nous avions à faire la loi, mais qui n'en est pas
une quand il s'agit de l'appliquer.

DROIT ROMAIN.

—

DES CONTRATS INNOMMÉS.

Il était de principe, en droit romain, que le pacte, *Duorum pluriumve in idem placitum consensus,* ne suffisait pas pour créer une obligation : *Nuda pactio obligationem non parit, sed parit exceptionem* (l. 1, § 2 — l. 7, § 4, *de Pactis,* Dig.). Pour former l'obligation, ce *juris vinculum,* qui permet au créancier de contraindre le débiteur à exécuter sa promesse par les voies légales, il fallait au consentement une forme moins spiritualisée, une traduction plus rude et plus sensible, un vêtement plus matériel.

Ce signe extérieur, qui accompagnait le consentement, était ce qu'on appelait la *causa;* elle était, pour le législateur, la preuve que les parties n'avaient pas contracté à la légère ; qu'il existait autre chose que de simples propos sans aucun caractère sérieux. Combien de fois n'arrive-t-il pas, en effet, que l'expression outre-passe le but auquel notre pensée, avec un instant de réflexion, se serait arrêtée ? Il ne fallait donc pas que la loi donnât son appui au résultat, peut-être, d'une surprise.

La convention ainsi fortifiée par la *causa*, passait dans la classe des contrats, c'est-à-dire, produisait une obligation, pour l'exécution de laquelle le droit civil donnait une action. C'est sur cette *causa* qu'est fondée la classification des contrats en contrats formés *re, verbis, litteris, consensu;* la remise de la chose, la solennité des paroles et l'écriture, voilà ce qui donnait à la convention un caractère sérieux. Quant à la quatrième classe, celle des contrats consensuels, elle se composait uniquement de la vente, du louage, de la société et du mandat, opérations tellement fréquentes dans les relations sociales, que le législateur avait dû se départir de toutes formalités qui auraient pu les entraver ; à leur égard, il s'était exceptionnellement contenté du seul consentement. C'est cette exception que nous avons transformée en règle dans notre droit français.

Telle était la liste des contrats dressée par le droit civil ; en dehors, nous ne trouvons plus que des conventions, pour la plupart, privées de l'action qui caractérise l'obligation civile, et lui donne sa force. La liste est irrévocablement arrêtée, à tel point, que les conventions qui, dans la suite, furent munies d'une action soit par le droit prétorien, soit par les constitutions impériales, furent toujours traitées en étrangères par le droit civil, et conservèrent le nom de Pactes.

Ces contrats, reconnus par le droit civil, avaient été analysés avec exactitude ; ils avaient une forme et des règles spéciales, une dénomination qui servait à les distinguer les uns des autres ; l'action dont ils étaient munis, et à laquelle ils donnaient leur nom, avait une formule arrêtée d'avance et qui leur était particulière. Pas de difficulté donc, quand on se trouvait dans l'une des hypothèses prévues : le créancier choisissait sur l'*Album du Préteur*, l'action qui découlait du contrat qu'il invoquait, et la formule, portant en tête la dénomination civile par un seul mot, indiquait au juge ce dont il s'agissait ; ainsi le demandeur prétendait qu'il y avait vente, la formule, dans sa démonstration, s'énonçait en ces termes : *Quod Aulus Agerius Numerio Negidio hominem vendidit* ; le juge, dès-lors, avait à vérifier les faits allégués et à voir, s'ils avaient le caractère d'une vente ; à cette seule condition, il prononçait la condamnation du défendeur. On voit, d'après cela, l'intérêt qu'il y avait à bien apprécier l'opération, et à ne pas se tromper dans le choix de l'action : de ce choix, en effet, dépendait le succès de la demande. Les parties étaient guidées, à cet égard, par les conseils des jurisconsultes qui les préservaient de toute erreur.

Mais qu'arrivait-il, lorsqu'il s'agissait d'une opération présentant des caractères qui n'étaient pas en tous points semblables aux caractères des contrats classés et nommés par le droit civil? Cette opération devait-elle être rejetée dans la catégorie des simples pactes, ou devait-on la munir d'une action? Prenons pour exemple le cas de la loi 16, Dig., *De condictione causa data, causa non secuta* : « *Dedi tibi pecuniam, ut mihi Stichum dares.* » Si je me fais délivrer la formule de l'action *empti* pour poursuivre l'exécution de la convention, il en résultera que le juge, voyant que dans l'opération en question celui qui joue le rôle de vendeur est astreint à me transférer la propriété de l'esclave (*Stichum dare*), me déboutera de ma demande : en effet, ce n'est pas là le caractère de la vente, qui astreint le vendeur seulement à faire avoir la possession de la chose (*ut mihi Stichum habere liceat*), et à garantir l'acheteur de toute éviction. Dans cette hypothèse et toutes celles analogues, le droit civil ne donnait donc aucun moyen d'action, et cependant il était impossible de contester à ces conventions leur caractère sérieux, résultant d'un commencement d'exécution. Il y avait donc là quelque chose de plus qu'un simple pacte.

Comment la jurisprudence est-elle arrivée à combler cette lacune? Par quel travail est-elle parvenue a élargir le cercle étroit tracé par le vieux droit civil? C'est ce que nous nous proposons de rechercher en étudiant la théorie des contrats innommés.

Les jurisconsultes admirent que lorsqu'une convention, contenant des promesses réciproques, était exécutée par l'une des parties contractantes, il y avait là une cause d'obligation (*subest causa*) pour l'autre partie, qui dès lors se trouvait obligée civilement : *hoc συναλλαγμα, id est, contractum esse, et hinc nasci civilem obligationem* (l. 7, § 2, Dig., *de Pactis*).

Ces pactes devenus contrats par suite d'un commencement d'exécution, sont connus sous la dénomination générale de *contrats innommés* ; tous confondus dans une seule et même classe et soumis au même principe, on ne pouvait pas dire à leur égard ce qu'on disait des contrats civils qui avaient une existence propre et une nature distincte : *in suo nomine (conventionis) non stant, sed transeunt in proprium nomen contractus : ut emptio venditio,* etc. (l. 7, § 1, *de Pactis*, Dig.).

Il résulte de ce que nous venons dire que deux

conditions sont essentielles à l'existence de tout contrat innommé. Il faut :

1° Qu'il y ait réciprocité, engagement *ex utraque parte*, en un mot, qu'il y ait συναλλαγμα, c'est-à-dire contrat *stricto sensu* (l. 19, *De verb. signific.* Dig); *Negotium* (l. 15, 19, 22, *de Præscriptis verbis*, Dig.).

2° Que l'une des parties ait exécuté la prestation promise : *ex re tradita initium obligationi præbet*, (l. 1, §2, *de Rerum permutatione*, Dig., qui n'est que l'application à une espèce particulière du principe général qui domine toute notre matière). Ne pourrait-on pas trouver l'origine de cette force obligatoire fondée sur la prestation effective, dans ce principe de la loi des XII Tables, que toutes les obligations imposées dans une mancipation à celui qui touchait l'argent, devaient être sanctionnées par la loi : « *Cum nexum faciet mancipiumque, uti lingua nuncupassit, itὰ jus esto ?* » lequel principe fut également appliqué à la tradition, comme l'indique la loi 48, *de Pactis*, Dig.

Si tous les jurisconsultes, sans exception, étaient d'accord pour donner à celle des deux parties qui avait exécuté une action pour répéter ce qu'elle avait donné (*condictio causa data causa non secuta*), il n'en était plus de même quand il s'agissait de l'exécution de la convention. Sur cette question comme sur bien d'autres, nous voyons les deux écoles en dissidence : les Sabiniens prétendaient qu'on ne devait accorder d'action pour obtenir cette exécution qu'autant que l'opération pouvait rentrer dans un des contrats nommés, cas auquel ils donnaient l'action résultant de ce contrat; l'opération proposée, au contraire, n'avait-elle plus qu'une analogie éloignée avec un des contrats civils ? ils recouraient alors à l'action de dol. Mais les Proculéiens allèrent plus loin et créèrent l'action dite *in factum civilis præscriptis verbis*, qu'ils appliquaient selon toutes les probabilités même aux cas qui n'offraient avec les contrats du droit civil qu'une ressemblance bien imparfaite. Cette lutte entre les deux écoles nous servira à expliquer certaines contradictions que nous rencontrerons dans les textes.

Les contrats innommés ne prenant naissance que par l'exécution de la part de l'une des parties, appartiennent à la classe des contrats réels, comme le *mutuum*, le *commodat*, le *dépôt* et le *gage*. On le caractérise par l'expression générale de : *ob rem datum*; en effet, dans tous, sans exception, la dation ou le fait (*datum*) est exécuté par l'un des contractants, en vue d'une contre-prestation (*ob rem*) que l'autre doit lui procurer en retour; à ce propos, observons la différence saillante qui existe entre les contrats nommés qui ne donnent d'action que pour amener leur exécution, et les contrats innommés qui permettent en outre, comme nous venons de le dire, à celui qui a exécuté de répéter par la *condictio causa data causa non secuta*, la chose qu'il a donnée, la dation ou le fait qu'il avait en perspective ne s'étant pas réalisé, *causa non secuta*.

Les Romains ont coutume de ramener tous les contrats innommés à cette quadruple formule : *Do ut des, Do ut facias, Facio ut des, Facio ut facias*. Mais quels sont les caractères de ces contrats? A quel signe les reconnaîtra-t-on, les distinguera-t-on des contrats nommés avec lesquels il est si utile de ne pas les confondre? C'est ce que nous allons rechercher en passant en revue chacune des quatre classes que nous trouvons indiquées par Paul dans la loi 5 *de Præscriptis verbis*, Dig.

DO UT DES.

Cette première classe comprend les contrats innommés qui ont de l'analogie avec le contrat de vente.

Quand y aura-t-il vente? *Si pecuniam dem ut rem accipiam*, nous dit Paul (l. 5, § 1, *de Præscriptis verbis*), *emptio et venditio est*. Il faut donc une chose d'un côté, *res*, de l'argent monnayé de l'autre, *pecunia*. Mais Celse, à propos de cette espèce : *dedi tibi pecuniam, ut mihi Stichum dares*, incline (*proclivior sum*, dit-il) à ne voir dans cette opération, ni une vente, ni une espèce de vente (*pro portione emptionis et venditionis*. Voyez l. 16, *de Condictione causa data, causa non secuta*, Dig.).

Doneau concilie ces deux lois en disant que, dans la loi 16, il n'est pas étonnant qu'il n'y ait pas vente, car *Stichus* doit être donné en propriété : *ut mihi Stichum dares*, ce qui excède les obligations imposées au vendeur, qui n'est tenu qu'à faire avoir la chose à l'acheteur et à le garantir de toute éviction ; mais qu'il n'en est plus de même dans la loi 5 où l'expression *accipiam*, dont se sert Paul, par son caractère équivoque, susceptible de s'appliquer soit à la translation de la propriété, soit à la simple prestation de la chose avec garantie de toute éviction, doit être prise dans ce dernier sens, avec d'autant plus de raison, ajoute-t-il, qu'on doit être disposé à reconnaître et un prix et une chose vendue, dans toute opération où l'on voit de l'argent d'une part, et de l'autre part une chose.

Mais est-il bien vrai que Paul ait voulu éloigner par le mot *accipiam* toute idée de transport de propriété ? Cela nous paraît impossible à admettre, en présence de la même expression qu'il emploie immédiatement après, à propos de l'échange, où il est incontestable qu'il y a dation, c'est-à-dire transport de propriété *ab utraque parte*.

Cujas prétend que, dans la loi 16, l'argent n'a pas été donné comme prix de *Stichus* et en vue d'une vente, mais comme corps certain et à titre d'échange. Pour prouver que l'argent monnayé peut jouer un rôle dans le contrat d'échange, il cite la loi 7, *de Præscriptis verbis*, dans laquelle on suppose que l'on a donné dix pour l'affranchissement de *Stichus;* or en cas d'inexécution on accorde l'action *Præscriptis verbis* ; ce qui prouve évidemment que l'argent dans cette hypothèse a été donné à titre d'échange et non comme prix de l'achat de *Stichus*, car dans ce dernier cas la liberté aurait lieu de plein droit, aux termes de la constitution de Marc-Aurèle (l. 38, § 1, *De Liberali causa*, Dig.)

Nous ne croyons devoir admettre ni l'une ni l'autre de ces deux opinions ; nous préférons voir dans ces textes une divergence entre les deux jurisconsultes. Paul, imbu des idées Sabiniennes, ne voyait dans cette obligation de *dare* imposée au vendeur qu'une extension donnée à la vente au moyen d'un pacte. Celse au contraire, un des chefs de l'école Proculéienne, s'en tenait strictement aux caractères de la vente ; ayant à sa disposition l'action *Præscriptis verbis*, il était peu porté à donner de l'extension aux contrats.

Mais il y aura échange si *rem do, ut rem accipiam* ; peu importe que les choses échangées soient des corps certains ou des quantités.

Pour bien connaître les caractères du contrat d'échange, ce qu'il y a de mieux à faire est de le comparer avec la vente dont il diffère en beaucoup de points. Voici les principales différences :

1° *Formation du contrat.* — La vente, contrat nommé, est parfaite par le seul consentement, le droit civil l'ayant placée parmi les contrats consensuels (Inst. titre XXII); en conséquence, elle sera munie d'actions auxquelles elle donnera son nom.

L'échange, contrat innommé, ne commence, au contraire, à produire d'obligations que lorsqu'il y a exécution de la part de l'une des parties : « *ex re tradita* » (D. l. 1. § 2. — C. l. 3, *de Rerum permutatione*); les conventions qui ont reçu une dénomination civile, seules, en effet, peuvent obliger par le seul consentement. L'échange, comme tous les contrats innommés, appartient à la classe des contrats réels, et si les Instituts les passent sous silence, c'est que leur nature vague et indéterminée les rend rebelles à toute classification.

L'échange n'ayant pas de nom donnera naissance à une action qui participera de sa nature, et dont la *démonstratio* ne pourra faire au juge l'exposé du fait que par sa narration détaillée (*Præscriptis verbis*).

Certains auteurs ont soutenu que le *do ut des* n'est pas un contrat innommé, puisqu'il porte le

nom d'*échange;* mais cette objection disparaît
devant cette simple observation que ce n'est là
qu'une dénomination du droit des gens, s'appliquant d'une manière générale aux opérations bilatérales, qui toutes aboutissent, soit à un échange
de produits, soit à un échange de services ; bien
différent est le *nomen* du droit civil, applicable
exclusivement à une opération déterminée, ayant
une forme et des règles arrêtées, et qu'on ne pourrait impunément transporter à tout autre contrat.

2° *Substance du contrat.* — Dans la vente, on
distingue le vendeur (*venditor*) de l'acheteur (*emp-
tor*), le prix (*pretium*) de la chose vendue (*merx*).

Dans l'échange chaque partie contractante figure
au même titre (*permutans*). Où est le prix, où est
la chose vendue ? On l'ignore (l. 1, *de Rerum permutatione*, Dig.). Il peut arriver cependant qu'à
raison des circonstances, cette distinction devienne
possible ; alors on applique les principes de la
vente. Nous en trouvons un exemple dans une
constitution de Gordien, où deux possessions
étant en présence, l'une étant à vendre, *venalis*,
est considérée comme la chose vendue, *merx;*
l'autre possession constitue le prix, *pretium* (l. 1,
de Rerum permutatione, Code). Telle était l'opinion
de Cœlius Sabinus, rapportée par Gaius (Com.,
III, § 141).

De cette impossibilité de distinguer les rôles dans l'échange, il résulte que la rescision pour cause de lésion ne lui est pas applicable; car elle n'existe qu'au profit du vendeur (l. 2, *de Rescindenda venditione*, Code). Or dans notre contrat nous ne connaissons pas celui qui en joue le rôle.

3° *Effets du contrat.* — Le vendeur n'est tenu qu'à livrer la chose vendue, *tradere*, et à garantir l'acheteur de toute éviction : « *tantum evictionis nomine venditorem obligat.* » Il n'est donc pas directement obligé à transférer la propriété de la chose vendue, ce qui signifie tout simplement que lorsque l'acheteur s'aperçoit que le vendeur n'était pas propriétaire, il ne peut pas, tant qu'il n'est pas inquiété, agir en indemnité contre son vendeur, en admettant toutefois que ce dernier fût de bonne foi (l. 30, § 1, *de Act. empti*, Dig.). Mais ce serait une erreur de croire que le vendeur pourrait se dispenser d'accomplir toutes les formalités nécessaires pour transférer à l'acheteur les droits qu'il a sur la chose vendue ; si donc il s'agit de la vente d'une chose *mancipi*, le vendeur sera tenu de la manciper à l'acheteur.

L'acheteur, au contraire, doit transférer la propriété des écus qui constituent le prix ; *Nummos venditoris facere cogitur* (l. 11, § 2 ; l. 30, § 1, *de Actionibus empti et venditi*). Cette différence tient, selon Cujas, à la nature diverse des objets dus par les parties contractantes. Il est moins facile, en effet, de transférer la propriété d'un corps certain, que de faire acquérir une certaine portion d'un genre. Il ajoute, en outre, cette considération historique, que la loi des XII Tables astreignait l'acheteur à payer (*solvere*) son prix (Inst., § 41, *de Rerum divisione*); or, il n'y a paiement qu'autant qu'il y a acquisition des espèces, suivant cette règle de droit : *Non videntur data quæ eo tempore, quo dantur, accipientis non fiunt* (l. 167, *de Regulis juris*, Dig.).

Enfin certains auteurs ont prétendu que cette différence venait de ce que, dans l'ancienne formule de ce contrat, le vendeur avait l'habitude de stipuler *pretium sibi dari;* l'acheteur, au contraire, *rem sibi habere licere*, se contentant de la paisible possession de la chose, qui lui permettait d'arriver à l'usucapion, sans exiger le transport de la propriété, souvent impossible, de la part d'un vendeur qui n'avait pas le domaine quiritaire. Cette convention, avec le temps, finit par être sous-entendue dans toutes les ventes.

Dans l'échange, il n'en est plus de même : les parties contractantes sont dans une similitude parfaite de position, leurs obligations sont identiques, l'une et l'autre sont astreintes à transférer la propriété des choses échangées. Si donc celui qui

commence à exécuter ne transfère pas la propriété
de la chose qu'il livre, il ne verra point naître d'action à son profit, il ne pourra amener l'autre à exécuter, car la convention, toujours à l'état de simple
pacte, n'a pu être transformée en contrat par une
exécution apparente, impuissante à créer une
causa; c'est ce que nous dit Pedius (l. 1, § 3, *de
Rerum permutatione*, Dig.); seulement il lui sera
accordé la *condictio causa data, causa non secuta*,
pour répéter la chose; car il serait injuste d'enrichir l'autre partie à ses dépens : cette *condictio*
naît ici de l'équité et non du contrat qui n'a jamais
existé (l. 1, § 4, *de Rerum permutatione*, Dig.).
Celui qui a reçu la chose d'autrui, a-t-il, au contraire, dans l'ignorance de cette circonstance,
transféré la propriété de sa chose? il pourra agir
dès qu'il connaîtra sa situation, sans être condamné
comme l'acheteur à rester dans l'inaction, tant
qu'il n'y a pas éviction.

C'est en se fondant sur cette différence entre la
vente et l'échange que Cujas a concilié les lois
24, Dig., *de Pigneratitia actione*; — et 46, Dig.,
de Solution., à propos de la *datio in solutum*,
acte fort ressemblant à la vente, comme le dit Pothier : « La chose qui est donnée en paiement tient
« lieu de la chose vendue, et la somme en paiement
« de laquelle elle est donnée tient lieu du prix. »
« C'est ce qui explique, selon Cujas, que la loi

24 n'accorde au créancier évincé de l'objet donné en paiement, que l'action *utilis ex empto*, car, dit-il, il y a eu, dans l'hypothèse qu'elle prévoit, *res data pro pecunia debita*, ce qui donne à l'opération le caractère d'une vente. S'il en est autrement dans la loi 46, c'est qu'il y a eu *res data pro re debita*, alors l'analogie existe avec l'échange, d'où la conséquence que, si le créancier est évincé, il n'y a jamais eu *datio*, condition indispensable pour qu'il y ait paiement véritable, suivant cette règle de droit : *Non videntur data quæ eo tempore quo dantur accipientis non fiunt* (D., l. 167, *De regulis juris*). Il n'est donc pas étonnant que cette loi réserve au créancier l'action de sa créance, qui n'a jamais été éteinte.

C'est avec raison, selon nous, que Cujas n'admet pas pour le créancier le droit de choisir entre l'action *utilis ex empto* et l'action de l'ancienne créance, droit d'option accordé par Pothier. Mais sa conciliation est-elle bien exacte ? elle semble en opposition avec les lois Code 98, pr., *de Solutionibus* ; et l. 4, *de Evictionibus*, où nous ne rencontrons aucune trace de cette distinction. Ne vaut-il pas mieux reconnaître dans ces textes un vestige de la controverse qui existait sur ce point entre les deux écoles, et que Gaïus nous signale en ces termes : « quæri- « tur si quis consentiente creditore aliud pro « alio solverit, utrum ipso jure liberetur, quod

« nostris præceptoribus placet ; an ipso jure ma-
« neat obligatus, sed adversus petentem excep-
« tione doli mali defendi debeat; quod diversæ
« Scholæ auctoribus visum est.» (Commentaire III,
§ 168).

Il est donc évident, d'après ce passage, que, dans
l'opinion des Sabiniens, *la datio in solutum* suivant
les mêmes règles que le paiement auquel elle était
assimimilée, était censée non avenue, si elle ne
transférait pas la propriété; d'où il résulte que le
créancier évincé dont les droits n'avaient jamais
été éteints, conservait l'action primitive.

Le résultat était tout autre d'après les Proculéiens;
la *datio in solutum* n'était qu'une vente dont le prix
égal au montant de la créance amenait son extinction par compensation; dès lors le créancier évincé
n'avait à sa disposition que l'action *utilis ex empto;*
voulait-il agir par l'action originaire, le débiteur
le repoussait en opposant la compensation au
moyen de l'exception de dol, que le créancier ne
pouvait combattre par une réplique fondée sur ce
qu'il n'a pas été rendu propriétaire, car la vente
n'impose pas une pareille obligation au vendeur.

4° *Actions du contrat.* — Le vendeur avait l'action
venditi pour réclamer son prix ; l'acheteur l'action
empti pour obtenir la chose vendue. Le coéchan-
giste (*permutans*), dès qu'il avait exécuté, avait

l'action *præscriptis verbis* pour amener la réalisation du contrat.

Mais le vendeur qui avait livré et qui n'était pas payé, de même que l'acheteur qui, après avoir effectué son paiement, n'obtenait pas la chose vendue, ne pouvaient que poursuivre l'accomplissement de la vente ; ils n'avaient pas la *condictio causa data causa non secuta ;* pour pouvoir résoudre le contrat, il fallait la clause expresse du pacte commissoire.

Dans l'échange, celui qui a exécuté (*dans*) a au contraire le choix entre l'exécution et la révocation du contrat ; il peut reprendre sa chose par la *condictio causa data causa non secuta.*

Pourquoi cette différence ? C'est que celui qui exécute dans la vente reporte sa pensée vers le passé, il agit (*ob causam*) pour acquitter une obligation née du consentement seul (*solvendi animo*). Il en est tout autrement dans l'échange ; celui qui a exécuté n'était nullement lié par une obligation préexistante, sa pensée tout entière se reportait vers l'avenir ; ce qu'il a fait, il l'a fait *ob rem*, en vue d'une contre-prestation qui ne s'est pas réalisée, *non secuta ;* son but n'a donc pas été atteint, ce qu'on ne peut dire à l'égard de l'acheteur ou du vendeur qui a exécuté (l. 8, *de Contrahenda emptione,* et l. 14, *de Rescindenda venditione,* au Code, comb. avec l 5, § 1er, *de Præscriptis verbis,* Dig.).

C'est ce droit de révocation des contrats innommés qui commencent par un *dare* qu'on a fait passer
dans notre art. 1184 du Code civil, mais en modifiant
sa nature. En effet, ce n'est plus aujourd'hui un
simple droit personnel donnant lieu à une *condictio*,
mais un droit réel provenant de la condition réso-
lutoire tacite, et qui permet de poursuivre la chose
entre les mains des tiers en cas d'inexécution du
contrat.

Certains auteurs vont jusqu'à admettre que le
droit de révoquer le contrat, appartient *ex mera
pœnitentia*, sans qu'il soit nécessaire d'une sommation préalable qui mette l'autre partie en demeure. Mais n'est-ce pas accorder à celui qui a
exécuté un droit bien exorbitant, que de lui permettre de se retirer à son gré, et d'avoir pour ainsi
dire à sa discrétion un adversaire qui se trouve lié
irrévocablement? En second lieu, comment est-il
possible d'admettre qu'une convention fortifiée par
un commencement d'exécution, munie d'une *causa*
qui l'élève à la hauteur d'un contrat, ait moins de
force qu'un simple pacte, qui, évidemment, don-
nerait à celui qui a reçu, le moyen de se défendre
par exception *pacti conventi*?

Nous nous rangeons à l'opinion de ceux qui
admettent que la *condictio causa data causa non secuta* ne peut être exercée arbitrairement *ex mera
pœnitentia*; mais qu'il faut que l'exécution soit

devenue impossible par la faute de l'*accipiens*, ou qu'il y ait eu préalablement une sommation, une mise en demeure. Cela résulte de la loi 5 *de Rerum permutatione* au Code, où la nécessité de recourir au président de la province démontre clairement que le repentir seul n'est pas suffisant pour amener la révocation du contrat. En second lieu, comment comprendre l'existence d'un *jus pœnitendi*, en présence de la loi 5, § 1, *de præscriptis verbis* qui fait supporter le *periculum* à celui qui a exécuté ; or, s'il existait deux actions à son profit, indépendamment de toute sommation, il ne perdrait que l'action *præscriptis verbis* tout en conservant la *condictio ex mera pœnitentia*, ce qui amènerait ce résultat diamétralement opposé : le risque supporté par l'*accipiens*.

On oppose les lois 3, § 2 et § 3 — 5, § 2 *de Condictione causa data, causa non secuta* Dig., qui concèdent formellement le *jus pœnitendi* ; mais la décision de ces textes n'a rien de surprenant, en présence d'un contrat innommé analogue au mandat, qui, lui-même est essentiellement révocable et permet toujours au mandant de se repentir, pourvu que le mandataire ne soit pas constitué en perte, que les choses soient encore entières, c'est-à-dire qu'il n'y ait eu aucune exécution même partielle du mandat ; cette concession du *jus pœnitendi* dans ces hypothèses n'est que l'application du

principe que tous les contrats innommés ont pour
type un contrat civil dont la nature et les effets
leur sont applicables dans une certaine mesure.
Nous conclurons donc que c'est donner une extension abusive à ces textes que de les appliquer à
tous les contrats qui débutent par un *dare*, notam-
ment à l'échange.

Observons que le vendeur moins favorisé au
point de vue de la *condictio* qui lui était refusée,
était dans une situation plus avantageuse sous un
autre rapport : en effet, indépendamment de l'action *venditi*, il avait la revendication ; s'il n'avait
pas suivi la foi de l'acheteur, la propriété restait
sur sa tête, tant que le prix n'était pas payé (*Inst.*
§ 41, *de Divisione rerum*), la translation de propriété étant censée faite sous la condition suspen-
sive de paiement. Il en était tout autrement dans
l'échange ; l'échangiste, en livrant sa chose, a eu
évidemment l'intention de rendre l'*accipiens* propriétaire, seul moyen de faire naître l'obligation à
son profit (l. 1, § 3, *de permutatione rerum*, Dig.), il
ne pourra donc agir qu'en qualité de créancier par
action personnelle.

Une différence entre la vente et l'échange que
nous devons signaler, est celle relative à l'usucapion : on appliquait à l'échangiste qui avait reçu
une chose dont il n'était pas devenu propriétaire
(soit que la chose étant *mancipi*, on n'eût employé

qu'un mode de translation de propriété du droit des gens, soit qu'elle eût été livrée *a non domino*), la règle générale d'après laquelle on se plaçait au moment de la mise en possession pour apprécier la question de bonne foi, condition *sine qua non* de l'usucapion en général. L'acheteur au contraire devait être de bonne foi, non-seulement au moment de la mise en possession de l'objet vendu, mais encore à l'époque du contrat.

Nous n'admettons pas la distinction qu'on a voulu établir entre la vente et l'échange au point de vue du *periculum*. Pourquoi cette différence? Pourquoi ce changement dans les principes? Nous ne voyons pas de raison suffisante pour décider que celui qui a exécuté pourra reprendre sa chose; si la contre-prestation n'est plus possible faute d'objet, *l'accipiens* comme tout débiteur d'un corps certain, doit être libéré par la perte survenue sans sa faute. Est-ce que le *dans* n'a pas ici comme l'acheteur le droit de réclamer la chose, quelle que soit l'augmentation survenue dans sa valeur? Pour quel motif donc, lui laissant les chances favorables, le déchargerait-on de toute perte? Ne serait-ce pas la violation flagrante de la maxime : *quem sequuntur commoda eumdem sequi debent incommoda?*

Cette assimilation quant à la question qui nous occupe est d'autant plus évidente que Paul (D. 1. 5,

§ 1, *de Præscriptis verbis*) s'en exprime formellement en ces termes : « *Sed si scyphos tibi dedi, ut Stichum mihi dares, periculo meo Stichus erit.* » Quoi de plus clair ? Nous savons, il est vrai, qu'on a soutenu que Paul dans ce texte ne s'occupe que de l'action *præscriptis verbis* ; il y aura perte en ce sens qu'on ne pourra plus réclamer la chose qui a péri, ni sa valeur ; qu'il ne sera plus possible, en un mot, de poursuivre l'exécution du contrat ; mais rien ne s'oppose, dit Doneau, à ce qu'on répète par la *condictio causa data causa non secuta* la chose qu'on a donnée ; quand on a plusieurs actions existant à son profit, la perte de l'une n'entraîne pas l'extinction de l'autre. Enfin, prévoyant cette objection qui ne manquera pas d'être faite : comment peut-il y avoir *periculum* pour celui qui, en tous les cas, reprend sa chose ? il répond qu'il peut arriver que la chose qui a péri ait une valeur bien supérieure à celle qui sera reprise et dont il faudra nécessairement se contenter. Mais le contraire peut également arriver, Doneau le reconnaît lui-même ; alors que signifie le mot *periculum* que Paul emploie sans faire de distinction ?

Il nous paraît donc impossible d'admettre un pareil système, qu'on cherche à établir en dénaturant le sens des termes juridiques, surtout quand nous songeons avec quelle exactitude les jurisconsultes romains ont l'habitude de s'exprimer. Or, jamais le mot *periculum* n'a voulu dire qu'une personne sans rien fournir, *de suo*, a seulement perdu la contre-prestation attendue ; toujours par là on a entendu la perte de la chose fournie, la prestation promise en retour ne pouvant plus se réaliser faute d'objet.

Au surplus, pour se convaincre que nos adversaires font fausse route, on n'a qu'à voir combien ils sont peu d'accord quand ils arrivent à vouloir expliquer la loi 10, Code, *de Condictione ob causam datorum* : les uns veulent que ce rescrit n'ait en vue qu'une hypothèse particulière ; chacun alors propose une hypothèse différente. Les autres soutiennent que, dans le cas prévu par cette loi, il faut supposer que d'un côté de l'argent a été fourni, dès lors l'analogie de l'opération avec la vente expliquerait cette décision exceptionnelle, qui ne serait plus la même en matière de contrats innommés. Enfin, quelques uns, plus téméraires, ont, en corrigeant le texte, amené cette loi à dire tout le contraire de ce qu'elle énonce.

Mais alors, nous dit-on, que faites-vous de la loi 16, Dig., *de Condictione causa data causa non secuta* qui ne laisse aucun doute, et permet formellement la répétition après la perte de l'objet de la contreprestation ? Nous admettons, avec Waechter, que dans cette loi l'hypothèse prévue n'est plus celle de la loi 5, § 1, D., *de Præscriptis verbis*, et de la Consti tu..on C. 1. 10, *de Condictione ob causam datorum*, où l'on suppose que l'objet vient à périr après la formation du contrat; il y est question au contraire du cas où la perte a eu lieu, le contrat n'étant pas encore créé. C'est insoutenable, nous disent les partisans de l'opinion contraire, car à ce point de vue nulle différence n'existe entre la vente et l'échange; dans l'un et l'autre cas le contrat ne pourra prendre naissance faute d'objet. Nous répondons, avec Vangerow, que Celse ne dit rien de contraire à ce principe, mais qu'il indique seulement la différence qui existera à l'égard du *periculum*, selon qu'on décidera que dans l'espèce prévue par ce texte il y a vente ou échange. Dans le premier cas, en effet, les risques sont à la charge de l'acheteur immédiatement, aussitôt la convention; conséquemment celui-ci perd son prix, alors même que Stichus vient à mourir avant le paiement effectué; tandis que, dans le second cas le *periculum* ne prend naissance qu'au moment même de l'exécution, en sorte que le prix n'est pas perdu si l'esclave vient à mourir avant la numération des espèces, quoique, après la convention. Le *periculum* remonte donc plus loin dans la vente, que dans l'échange : c'est sur cette différence que Celse veut attirer l'attention. Cette dernière interprétation de notre texte n'est-elle pas encore confirmée par le sens grammatical de l'expression *mortuus est?* Ce passé n'indique-t-il pas évidemment que Stichus était mort avant que son propriétaire n'eût reçu l'argent? S'il n'en était pas ainsi, Celse aurait dit : *si morietur*.

D'après l'exposé qui précède, nous arrivons à ce résultat que dans l'échauge comme dans la vente, on part du principe que dès que le contrat est parfait, si l'une des parties contractantes est mise dans l'impossibilité d'exécuter par suite de la perte par cas fortuit du corps certain objet de son obligation, non-seulement elle est complètement libérée de son engagement, mais encore elle conserve intact son droit à la contre-prestation. Quoi de plus naturel en effet ! N'est-il pas évident que si l'obligation avait été exécutée aussitôt qu'elle a pris naissance, la perte casuelle ou la détérioration de la chose donnée n'aurait été supportée que par celui qui l'a reçue ? Or ce qui est vrai dans le cas d'exécution immédiate, doit l'être également dans l'hypothèse d'un délai raisonnable accordé pour exécuter. Si toutefois le délai se prolongeait au-delà d'une certaine limite, il interviendrait dès lors ce qu'on appelle en droit la demeure (*mora*), ce qui changerait les principes du *periculum*. Quand on vient dire que le défendeur pourra invoquer l'*exceptio nondum adimpleti contractus* ; c'est là un malentendu facile à apercevoir, car cette exception ne peut être fondée que lorsque l'autre contractant encore obligé n'exécute pas ; mais jamais quand son obligation est éteinte, ce qui a lieu dans notre hypothèse.

Ce que nous venons de décider pour l'échange : que la question des risques est la même que pour la vente qui lui sert de type, nous le dirons pour tous les contrats innommés : on devra toujours suivre les règles du contrat avec lequel ils ont le plus d'analogie. C'est ainsi que le contrat estimatoire met les risques à la charge de celui qui a pris l'initiative, qui a donné l'idée de faire l'opération, et cela à cause de l'analogie qui existe alors avec le mandat, contrat où le *periculum* est pour le compte du mandant (l. 17, § 1, *de Præscriptis verbis*). Dans le § 2 de cette même loi, Ulpien suppose qu'une chose a été remise pour l'examiner, et il décide qu'en aucun cas le *periculum* ne sera pour celui qui l'a reçue ; pourquoi cela ? parce que l'opération, si elle a lieu dans l'intérêt de l'*accipiens*, se rapproche du *commodat* ; dans le cas contraire, elle est analogue au *dépôt*, deux contrats qui font supporter le risque par celui qui a remis la chose.

DO UT FACIAS.

Nous trouvons dans cette deuxième classe les contrats innommés analogues au contrat de louage. Les conditions nécessaires pour la formation du louage, sont : 1° de l'argent donné, *pecunia data*, comme dans la vente (Inst., *de Locatione et conductione*); 2° un fait qui soit susceptible d'être l'objet d'un louage, *quod locari solet;* Paul cite comme exemple le fait de peindre un tableau, *ut tabulam pingas* (l. 5, § 2, Dig., *de Præscr. verb.*).

Mais l'embarras commence quand on se demande quels sont les faits qui ne sont pas susceptibles de location? Nous en trouvons un exemple dans le texte précité : c'est l'affranchissement d'un esclave, *ut servum manumittas*, voilà tout! Aussi les auteurs sont-ils fort divisés sur cette question ; la plupart, en s'appuyant sur les deux exemples précités, ont voulu établir des théories qui toutes donnent prise à de graves objections. Voyons rapidement les différents systèmes proposés.

Cujas distingue les *officia liberalia*, tels que l'affranchissement d'un esclave, les soins donnés par l'avocat et le médecin, d'avec les *officia non liberalia*, faits se produisant à l'occasion de l'exercice d'un métier manuel, comme peindre une toile, construire un navire; ces derniers seuls peuvent être l'objet d'un louage. Mais cette distinction nous paraît vague; comment, en effet, tracer toujours exactement la ligne de démarcation entre les *officia liberalia* et les *officia non liberalia?*

D'autres commentateurs ont dit : Il faut considérer si le fait laisse après son exécution quelque chose d'appréciable en argent, comme l'exécution d'un tableau, alors il y a location ; mais il n'y a pas de louage possible, quand il s'agit d'affranchir un esclave, ou de tout autre fait analogue qui ne laisse aucune trace, pécuniairement parlant. Nous répondrons encore aux partisans de ce système que leur théorie est bien arbitraire; car celui qui fournit ses services pour combattre les bêtes féroces dans le cirque, contracte un louage ; or, évidemment, ce fait ne laisse après lui aucune trace appréciable en argent (l. 1, § 6, *Versic. et qui operas suas*, Dig., *de postulando*).

Doneau commence pour établir son système par ajouter à l'exemple de Paul : *ut tabulam pingas*, le mot *meam*. En effet, dit-il, si je donne dix pour que vous me fassiez un tableau sur votre toile, ce ne sera plus là une location, mais une vente : ce que dit effectivement Justinien dans ses *Institutes*, à propos de l'orfèvre qui reçoit un prix pour faire des anneaux en fournissant la matière (Inst., § 4, *de Locatione et conductione*). Cela posé, Doneau se demande quels sont les faits susceptibles ou non de location ? Voici à cet égard sa théorie : « Seront susceptibles d'être loués les faits qui s'exercent, qui s'accomplissent sur ma chose (*in re dantis*), en sorte que je profiterai du travail au moyen de ma chose ; tels sont les faits de construction sur mon terrain, de dégraissage de mes vêtements, de confection d'anneaux avec mon or. Certes, ajoute-t-il, le principe que nous posons est inutile pour expliquer comment le fait d'affranchir un esclave ne peut pas être loué, car c'est là un de ces faits instantanés qui n'exigent aucun travail et ne constituent aucune industrie. Mais sans ce principe, il nous serait impossible de comprendre comment le fait d'aller à Rome, fait qui n'a rien d'instantané et qui exige un certain travail, ne pourrait pas être loué, ce que dit formellement la loi 5 D., *de Condictione causa data*, en accordant le droit de repentir, qui serait impossible s'il y avait louage. Mais avec le principe posé plus haut, cela s'explique tout naturellement ; c'est que le voyage que l'on fait à Rome ne peut s'exécuter que sur les lieux qui doivent être parcourus, le fait évidemment ne s'exerce pas *in re dantis*. » Il cite à l'appui la loi 20 D., *de Contrahenda emptione*, qui exige que le terrain appartienne à celui qui veut faire construire : « *Quoniam tunc a me substantia proficiscitur*; » d'où il faut conclure que du moment que la substance ne provient pas de celui qui donne à faire, afin que l'ouvrier puisse y placer (*locare*) son travail, il n'y a pas de louage possible.

Mais tout cet échafaudage est bien ébranlé par l'exemple de louage que nous avons donné plus haut. Certes, quand un individu loue son industrie consistant à lutter contre des bêtes féroces, on ne

peut pas dire que la lutte qui aura lieu au milieu
de l'arène soit un fait qui s'accomplit *in re dantis*,
et cependant c'est un louage. En second lieu, l'adjonction du mot *meam* faite au texte de Paul est-
elle bien fondée? Nous croyons effectivement qu'il
faut distinguer la matière de l'ouvrage quand il
s'agit d'une hypothèse comme celle dont parle Justinien ; alors, on le comprend, la matière d'or ou
d'argent, bien souvent plus précieuse que le travail
lui-même, doit entraîner celui-ci comme accessoire;
mais ici la valeur de la toile est tellement minime,
comparée à celle de la peinture, qu'il nous semble
qu'elle doit s'effacer complétement (l. 9, § 1er, D.
de Adquirendo rerum dominio ; Inst., § 34, *de
Divisione rerum et qualitate*), et qu'en aucun cas
la question de savoir qui l'a fournie ne doit changer
la nature du contrat.

En présence de tous ces systèmes, nous nous
rangeons à l'opinion des auteurs qui pensent que
c'est là une question qui doit être décidée d'après
l'usage. Nous dirons donc avec Bartole que si on a
donné de l'argent à un coureur, à un homme qui
fait métier de voyager moyennant salaire, il y aura
location ; dans le cas contraire, ce sera un contrat
innommé, à moins cependant qu'on ne s'en soit
formellement expliqué, car une déclaration expresse
fait disparaître tous les doutes, en supposant, bien
entendu, qu'il s'agisse d'un fait qui ne soit pas,

comme la manumission d'un esclave, rebelle à
toute location. En effet, la convention serait impuissante à en changer la nature. C'est ainsi que
nous comprenons cette distinction que Paul nous
semble faire par ces expressions : *Quod si tale est
factum, quod locari non possit, puta ut servum
manumittas.* Pour de pareils faits jamais de location;
mais pour les autres, elle pourra toujours avoir lieu
par une convention expresse, et même on la sous-
entendra quand il s'agira d'un fait qui se loue d'a-
près l'usage.

FACIO UT DES.

Cette troisième classe semblerait à première vue
devoir donner, comme le *do ut facias*, naissance à
des contrats analogues au louage, et cependant dans
l'opinion de la plupart des auteurs, il ne peut en être
ainsi. La raison en est selon Cujas, que le louage
commence toujours nécessairement par le mot
do, il cite l'exemple d'un maître qui, moyennant
salaire, s'engage à donner des leçons à un élève ;
est-ce le maître qui prend l'initiative ? Alors, dit-
il, *Magister discipulo ultro dat se utendum, suam
operam exhibet, et de mercede paciscitur; tunc
magister est locator, discipulus conductor.* Est-ce,
au contraire, l'élève qui prend l'initiative ? Alors :
dat se docendum, eum qui suscipiat magister certa

mercede, tunc magister erit conductor, discipulus vero locator. Nous avouons franchement ne pas comprendre ce que Cujas entend par un maître *qui dat se utendum ; dat,* c'est-à-dire transfère la propriété ; mais la propriété de quoi ? Sans doute de son travail, de ses services, de ses leçons. Eh bien ! à moins de nier le sens des mots, n'est-ce pas là évidemment le *facere ?* Si l'on insiste et qu'on veuille soutenir que c'est le *dare,* alors nous répondrons qu'il est de toute impossibilité de placer le louage sous la formule *do ut facias :* le maître, en effet, *se dat,* l'élève de son côté *mercedem dat,* la formule *do ut des* serait la seule applicable, ce qui est insoutenable !

Doneau, au contraire, dans une longue dissertation, cherche à démontrer qu'il n'y a aucune bonne raison pour rejeter le louage dans le *facio ut des,* quand on l'admet dans le *do ut facias.* Aucune différence, selon lui entre le cas où, prenant l'initiative, je donne dix pour que vous me peigniez un tableau (*do ut facias*), et le cas inverse où le peintre, au contraire, peint un tableau pour que je lui donne dix (*facit ut dem*) : que ce soit l'un ou l'autre qui ait le pas dans le contrat, ne trouvons-nous pas toujours les éléments du louage, d'un côté le peintre *locator operarum,* qui exécute le travail *facit* et celui qui fait exécuter le tableau *conductor operarum,* qui paie le prix, *dat ?* Il pose donc en principe qu'on doit reconnaître un louage, aussi bien quand celui qui a besoin de services va trouver l'ouvrier, que lorsque l'ouvrier, au contraire, va proposant son travail à la recherche d'un salaire. Cette solution ne nous paraît pas suffisamment tenir compte du caractère formaliste du droit romain ; dans une législation qui exigeait d'une manière si rigoureuse l'observation des formes, qui frappait de déchéance un droit pour la moindre erreur dans les termes, nous n'avons pas de peine à comprendre comment l'usage avait conduit à ne considérer que la formule *do ut facias* comme constitutive du louage, et à méconnaître la formule *facio ut des*, qui se présentait plus rarement dans la pratique ; telle est l'explication de cette différence qui ne nous paraît pas fondée en raison.

Tout en reconnaissant que la formule *facio ut des* ne constitue pas un louage, nous admettons cependant que l'opération qui en résultera aura un caractère d'analogie avec le louage. On a nié, il est vrai, cette analogie, en s'appuyant sur le § 3 de la loi 5, Dig., *de Præscriptis verbis*, où Paul ne fait aucun rapprochement entre le *facio ut des*, et un quelconque des contrats nommés, silence qui paraît d'autant plus concluant qu'il a, dans les deux paragraphes précédents, mis en parallèle le *do ut des* et le *do ut facias* avec la vente et avec le louage ;

d'où l'on a conclu que l'opération résultant du *facio ut des*, ne donnait jamais lieu qu'à l'action de dol, résultat inévitable, vu l'impossibilité, en effet, pour les Sabiniens, de donner l'action d'un contrat civil analogue, et, pour les Proculéiens, même, d'accorder l'action *præscriptis verbis*, qui exigeait également pour son application que le contrat innommé eût une analogie avec un contrat civil. Nous chercherons plus tard, en nous appuyant sur les textes, à démontrer que cette conclusion n'est pas fondée. Quant à présent, nous nous bornerons à dire que le silence de Paul, qu'on oppose, nous paraît justifié par cette considération, que la pensée du jurisconsulte se reporte aux hypothèses dont il vient de parler dans le § 2 ; il suppose, dans le § 3, qu'indépendamment de la formule *facio ut des*, l'opération se trouve en outre altérée dans l'un quelconque de ses éléments, ce qui, joint à l'interversion de la formule, affaiblit à tel point l'analogie avec le louage, qu'il ne se croit plus, avec ses tendances sabiniennes, autorisé à accorder l'action civile.

Observons avec Cujas que, pour apprécier la nature du contrat, sa physionomie, il faudra non pas considérer l'exécution, mais la manière dont il a été formé ; c'est donc la convention qui nous indiquera par ses termes s'il s'agit du *do ut facias* ou du *facio ut des*; peu importe qu'elle ait été intervertie dans l'exécution.

FACIO UT FACIAS.

Cette dernière classe ne donne lieu à aucun contrat nommé civil, mais seulement à des contrats innommés qui ont de l'analogie avec le mandat (l. 5, § 4, *de Præscriptis verbis*); ou bien avec le commodat (l. 17, § 3, *eodem titulo*). En effet les services réciproques tenant lieu de *merces*, il y a incompatibilité avec la nature du mandat et du commodat qui sont des contrats gratuits. Notons en second lieu que ces contrats n'engendrent qu'une action contraire pour faire payer les déboursés faits par le mandataire ou commodataire et qu'ils ne constituent pas, dès lors, ce que les Grecs appellent un συναλλαγμα, opération créant des obligations réciproques.

Après avoir indiqué les différences qui existent entre un contrat nommé, muni d'une action qui porte son nom, et un contrat innommé, voyons quelle est l'action qui a été donnée à ce dernier pour amener son exécution.

DE L'ACTION PRÆSCRIPTIS VERBIS.

Nous avons vu que le droit civil n'avait adopté qu'un nombre fort restreint de contrats auxquels il avait donné un nom, une forme et des règles arrêtées; mais qu'en dehors de ce cercle étroit, la jurisprudence avait reconnu une force obligatoire aux conventions bilatérales suivies d'un commencement d'exécution; conventions nombreuses, aussi variées que les rapports entre les hommes peuvent l'être, et qui, à raison de l'insuffisance de la langue, ne pouvaient, pour chaque espèce en particulier, recevoir une dénomination spéciale : *plura sunt negotia quam vocabula* (1 4, *de Præscriptis verbis*, Dig.) Nous avons parlé de la divergence des deux écoles sur la question de savoir quels seraient les moyens d'exécution de ces conventions; après une lutte plus ou moins prolongée, l'opinion des Proculéiens finit par prévaloir, et la nouvelle action qu'ils avaient créée pour tous les contrats innommés fut admise, non sans résistance, du moins pour certains cas.

Toute action participant de la nature du contrat qui lui donne naissance, il en résulte que les contrats incertains ne pouvaient donner naissance qu'à une action vague comme eux, n'ayant pas de nom spécial.

Quelle était cette action?

L'action *Præscriptis verbis*, dénomination générale, s'appliquant à toute action découlant d'opérations incertaines (συναλλαγμα, *negotium*). Voyons les différentes qualifications qui lui sont données dans les textes :

Præscriptis verbis, parce que la nature de l'opération qui lui donne naissance est indiquée par des paroles (*verbis*) mises en tête de la formule (*præscriptis*). La *demonstratio* décrit l'opération avec détail, seule manière de mettre le juge au courant du fait, à défaut d'un nom spécial qui puisse le faire reconnaître : c'est ainsi que les choses se passent quand il s'agit d'une personne dont nous ignorons le nom : pour la faire reconnaître, nous sommes obligés d'entrer dans des détails, de donner en un mot son signalement. Ainsi les parties allèguent un échange, la *demonstratio* sera conçue en ces termes : « *Quod Aulus Agerius Numerio Negidio scyphos dedit ea lege, ut invicem Numerius Negidius Aulo Agerio Pamphilum daret.* » S'agit-il d'une vente au contraire, le nom du contrat « *Quod A. A. N. N. scyphos vendidit,* » dispense de tout détail. Cette explication est fondée sur une constitution d'Alexandre : « *Utilis actio, quæ Præscriptis verbis rem gestam demonstrat, danda est,* » nous dit cette constitution (C. l. 6, *de Transactionibus*). L'action démontre *rem gestam*, le fait, l'opéra-

tion, le contrat lui-même, par les paroles explica-
tives des parties (*verbis*) mises en tête de la formule (*præscriptis*).

Cette narration des faits a donc lieu tout d'a-
bord, elle donne naissance à la demande, sert de
base à l'action.

In factum (D. l. 1., § 2; l. 12; l. 13, pr. et § *ult.*;
l. 22, l. 23, l. 24, *de Præscriptis verbis*), c'est-à-
dire, que la formule est composée d'après ce qui s'est
passé (*in id quod factum est*), ce qui nous donne
l'explication de certains passages où en parlant
d'actions ou exceptions *in factum*, nous trouvons
ajoutées les expressions : *Concepta, composita* (Inst.
§ 1, *de Exceptionibus*). C'est donc la même raison
qui précédemment l'a fait appeler *præscriptis verbis*,
à savoir la narration du fait en tête de la formule,
qui justifie cette nouvelle dénomination d'action *in
factum*; elle est *concepta in id quod factum est*, ou
in rem gestam, comme le dit Alexandre, ce qui est
synonyme.

Mais alors, certains commentateurs ont objecté
que s'il en est ainsi, on est en droit de prétendre
que toute action sans nom qui tire sa force de l'é-
noncé des faits en tête de la formule, telle qu'est
l'action subsidiaire de la loi Aquilia, est une action
præscriptis verbis, résultat inadmissible, puisque
notre action ne prend jamais sa source dans les délits. Nous reconnaissons avec ces auteurs, que l'ac-

tion de la loi Aquilia n'est pas plus que toutes les actions Prétoriennes *in factum*, une action *præscriptis verbis*; mais cela tient à l'usage, par suite duquel cette dernière expression n'a été appliquée qu'à l'action *in factum civilis*, découlant des contrats innommés, nullement à la nature des choses. Nous croyons donc, quant à nous, que si, comme nous l'avons vu tout à l'heure, toute action *præscriptis verbis* est *in factum concepta*; quant à sa *demonstratio*; on peut également dire à l'inverse, que toute action *in factum* tirant sa force de l'exposé des faits en tête de la formule est dans l'acception véritable des mots, *Præscriptis verbis*; seulement cette réciproque vraie en réalité ne l'est plus dans le langage consacré du droit.

Civilis (D. l. 1, § 2, l. 6, l. 15, *de præscriptis verbis*; C. l. 6, *de Rerum permutatione*), car sa *démonstratio* seule *in factum* est suivie d'une *intentio juris civilis*, qui pose une véritable question de droit : « *si paret dare, facere oportere.* » Sauf la *prescriptio in factum*, les éléments de la formule sont donc les mêmes que ceux de toute autre action du droit civil, résultat qui n'a rien d'étrange, puisque notre action avait été créée par l'interprétation des Prudents qui était une des sources de ce droit. On voit d'après cela la différence profonde qui sépare l'action *Præscriptis verbis* de l'action Prétorienne, laquelle, *concepta in factum*, ne pouvait avoir d'*intentio juris civilis*, posant une question de droit à vérifier ; aussi disait-on de cette dernière action qu'elle n'avait ni *demonstratio* ni *intentio*, ou plutôt qu'elles étaient confondues, ce qui est plus exact.

Utilis (C. l. 1, *de Pactis conventis* ; l. 6, *de Transactionibus*). On appelle ainsi une action étendue du cas pour lequel elle a été créée, à un cas analogue ; par opposition, l'action appliquée d'après sa destination primitive est dite *directa*. Cette extension avait lieu *utilitatis causa* ; on comblait ainsi les lacunes du droit, en groupant autour d'une action des personnes qui, à raison de leur qualité, ne pouvaient s'en prévaloir, ou des faits qui, dans le principe, se trouvaient en dehors de son rayon (D. l. 11, *de Præscriptis verbis*). Or, ce résultat se présente dans l'action *Præscriptis verbis*, ce qui justifie sa qualification d'*utile*. En effet, comme le dit Cujas, elle a été introduite à l'exemple des actions du contrat nommé : elle ne découle pas des termes de la loi, mais de son esprit, d'après l'interprétation des Prudents, à raison de la similitude qui existe entre les contrats du droit civil et les contrats innommés.

Propria (D. l. 27, *de Pigneratitia actione vel contra*), parce qu'elle est donnée à l'occasion d'un contrat d'une nature particulière, à part, en dehors des autres contrats du droit civil avec lesquels il ne doit pas être confondu. Cette expression se retrouve toujours à propos de ces opérations incertaines, dans plusieurs textes (Inst. § 2 , *de Emptione et venditione*. — D., l. 19, *de Præscriptis verbis.*)

Incerta (C., l. 6, De *Rerum permutatione ;* l. 9 et 22, *de Donationibus*). Sa formule n'est pas arrêtée, mais variable et incertaine, comme les opérations sans dénomination qui lui donnent naissance. En effet, dans les actions *Empti, Locati,* etc., bien que les personnes et les hypothèses changent, nous voyons toujours la formule rester la même : elle est donc *certa*. S'agit-il de contrats innommés, au contraire, la narration du fait variant chaque fois, à raison de la diversité infinie des opérations, la formule ne peut s'adapter au fait qu'à la condition de n'avoir rien de fixe et d'arrêté d'avance et d'être parfaitement flexible.

Condictio. — (l. 3, § 4, *de Condictione causa data;* l. 19, § 2, *de Precario*). Le mot *condictio* est pris ici dans un sens large pour désigner toute action personnelle, par opposition aux actions réelles, comme dans la loi 25, Dig., *de Obligationibus et actionibus.* Or il est évident que notre action *Præscriptis verbis* appartient à la classe des actions personnelles puisqu'elle naît *ex synallagmate*, juste cause d'obligation (D. l. 7, § 2, *de Pactis*).

Actio Incerti (D. l. 19, § 2, *de Precario;* l. 7,

§ 2, *de Pactis*; l. 6 et l. 16 *de Præscriptis verbis*; C. 1. 6, *de Rerum permutatione*). Cette dénomination tient à ce que l'objet de cette action est une chose indéterminée, son *intentio* tend à un *incertum* et est toujours conçue en ces termes : « *quidquid ob eam rem... dare facere oportet;* » l'action *præscriptis verbis* était donc incertaine au double point de vue de sa source et de son objet. Ce résultat n'est que la conséquence des principes, quand on se trouve dans les hypothèses du *do ut facias* et du *facio ut facias*; en effet, qu'il s'agisse d'un contrat nommé ou innommé, celui qui intente une action pour amener l'exécution d'un fait, ne tend qu'à un *incertum*, il réclame *id quod interest* subordonné à l'appréciation du juge (D. 1, 5, § *ult.*; l. 6, l. 9, *de præscriptis verbis*). Mais cette opinion est rejetée par beaucoup d'auteurs pour les cas du *do ut des* et du *facio ut des*, rien ne s'oppose selon eux quand il s'agit d'un objet certain à ce que l'action ait une *intentio certa*. Cependant les textes semblent contraires à cette opinion, ils donnent toujours à notre action ce caractère sans s'occuper de l'objet réclamé. C'est ce que démontre la loi 8 de notre titre, il s'agit bien là d'une somme déterminée, l'objet est certain; « *apparet quid, quale quantumque sit;* » eh bien ! l'action est dit *incerti*. Il est vrai qu'on a voulu échapper à ce texte en prétendant que *incerti* se rapporte à *contractus*, à la source et non à l'objet : Papinien aurait été amené naturellement, après avoir donné dans le premier cas l'action qui découle de la stipulation, contrat certain, à dire que dans le deuxième cas, l'action avait sa source dans un contrat incertain. Telle n'a pas été la pensée de Papinien, nous pensons au contraire, qu'il avait en vue l'objet de l'action. Mais alors, nous dira-t-on, pourquoi l'action *præscriptis verbis* tend-elle toujours à un *incertum*, quel que soit l'objet de la demande ? voici la raison selon nous : c'est que cette action appartient à la classe des actions de bonne foi, caractère formellement accordé à l'action découlant du contrat estimatoire et de l'échange, que nous étendons à toutes les actions *præscriptis verbis*; or, l'action de bonne foi ayant toujours une *intentio incerta*, ce n'est donc pas une anomalie, mais une conséquence de la nature de notre action : aussi voyons-nous ce passage : « *ut interest nostra illam rem accepisse,* » (D. l. 1, § 4, *de Rerum permutatione*) et cet autre : « *quanti interest mea, illud, de quo convenit, accipere* » (D. l. 5, § 1, *de præscriptis verbis*) nous donner des exemples d'une *actio incerta,* bien que l'objet soit certain.

Après avoir donné l'explication des différentes dénominations de l'action *præscriptis verbis,* voyons quelle est sa nature.

Elle est *civile* et non *prétorienne*; *concepta in jus* et non *in factum*, si ce n'est au point de vue de la *Demonstratio*; *utilis* et non *directa*, cela résulte de ce que nous avons dit précédemment. Il ne nous reste plus qu'à rechercher si elle est *bonæ fidei* ou *stricti juris*.

La distinction entre ces deux classes d'actions vient de ce que, par la formule à laquelle le préteur fait une adjonction ordinairement en ces termes : *Ex bona fide*, le juge obtient une certaine latitude pour apprécier le litige. L'usage seul donnant le caractère de bonne foi aux actions, soit à raison d'opérations dont le retour était fréquent dans les rapports des hommes, comme la vente, le louage ; soit à raison d'un certain caractère de confiance qui exigeait la bonne foi à un plus haut degré, tel est le dépôt ou le commodat ; on comprend qu'à mesure que les relations sociales se sont multipliées, leur nombre a dû s'accroître ; aussi voyons-nous que Cicéron, Gaius et Justinien ne sont pas d'accord, et que la liste va toujours en s'augmentant.

En comparant les trois énumérations successives qui nous ont été données des actions de bonne foi, nous ne voyons apparaître l'action *præscriptis verbis* que dans celle qui nous est présentée par Justinien ; résultat qui n'a rien de surprenant, car notre action ne remonte pas à une époque trèsreculée ; on n'a, pour s'en convaincre, qu'à voir Gaius (*Com.* III, § 143 et 144), se demander s'il y a location dans des hypothèses qui ont été reconnues depuis ne pas en faire partie, et classées parmi les opérations incertaines munies de l'action *præscriptis verbis* (D., l. 22, l. 17 § 3, *de Præscriptis verbis* ; Inst., § 2, *de Locatione et conductione*) ; à moins qu'on ne dise que Gaius, en qualité de Sabinien, passe sous silence notre action que son école ne voulait pas admettre. Quoi qu'il en soit, Justinien ne place dans son énumération que l'action *præscriptis verbis*, découlant de l'échange et du contrat estimatoire ; ce qui a fait penser à plusieurs auteurs que c'étaient les seuls cas où il fallait lui attribuer ce caractère, toute énumération devant effectivement être interprétée restrictivement. Nous préférons admettre, avec M. Ducaurroy, que toutes les actions *præscriptis verbis* doivent y être comprises, et que si la liste de Justinien est incomplète sur ce point, cela tient à ce qu'elle est empruntée à un ancien jurisconsulte qui ne donnait pas à notre action toute l'étendue d'application qu'elle eut plus tard, du temps de Papinien, Paul et Ulpien. (Inst., § 28, *de Actionibus.*)

N'est-il pas rationnel, en effet, de supposer que cette action, ayant sa source dans des opérations qui ont de l'analogie avec le louage, le mandat, le dépôt ou le gage, tous contrats de bonne foi, a dû participer de la nature des actions qui lui servent de type, surtout si l'on songe qu'elle fait son apparition à une époque où, perdant de vue le rigorisme des premiers temps, on cherche à faire prévaloir, de plus en plus, dans le droit, les principes d'équité.

Source de l'action præscriptis verbis. — Cette action ne naît jamais à l'occasion des délits; les contrats innommés seuls lui donnent naissance : « *Quotiens contractus existunt quorum appellationes nullæ jure civili proditæ sunt* (D. 1. 3, *de prscæriptis verbis*); telle est l'opinion de Cujas; il est vrai que plusieurs auteurs ont soutenu le contraire, en s'appuyant sur différents textes qui accordent notre action à propos d'hypothèses qui, selon eux, ne peuvent être ramenées à nos quatre formules. Mais les passages qu'ils invoquent, loin d'être concluants, présentent au contraire en dernière analyse les éléments du contrat innommé (*Negotium,* συναλλαγμα.)

Voyons en effet la loi 18, § 2, Dig., *Familiæ erciscundæ*, dont voici l'espèce : « Un testateur a imposé à l'un de ses héritiers l'obligation de lui construire un monument, ses cohéritiers pourront le poursuivre par l'action *præscriptis verbis;* de même la loi 19, § 2, Dig., *de precario,* qu'on oppose également et où l'action *præscriptis verbis* est formellement accordée. Eh bien ! nous disent les partisans de l'opinion adverse, ici pas plus que dans le cas précédent il n'y a contrat ; l'action naît seulement de l'équité qui serait blessée, si celui qui a reçu à précaire pouvait se jouer impunément de la bonne foi du concédant (D. l. 2, § 2, *de precario*). Ils en concluent que les contrats innommés ne sont pas la source unique de l'action *præscriptis verbis*. Mais Cujas fait observer avec raison, que le partage est une espèce d'échange, que les choses se passent comme si l'échange avait eu lieu avec cette clause formelle d'exécution : «*quasi certa lege permutationem fecerint*, » dit la loi 20, § 3, Dig.; *familiæ erciscundæ*). Quant au Précaire, il a une telle analogie avec le Commodat (D. l. 1 § 3, *de precario*), qu'on lui donne la qualification de contrat dans la loi 23, Dig., *de diversis regulis juris antiqui.*

Ces hypothèses confirment donc le système de Cujas, elles peuvent être ramenées aux formules des contrats innommés. Nous en dirons autant de la donation, quand il y a des charges imposées au donataire (l. 3, *de donationibus quæ sub modo* au Code); de la transaction restée dans les termes d'un simple pacte n'ayant pas été accompagnée des formes de la stipulation : dans tous ces cas, en effet, l'exécution de l'une des parties constitue la *causa civilis* de l'obligation, il y a *res* et conséquemment συναλλαγμα d'après Aristo (l. 7 § 2 *de pactis* dig.) muni de l'action *prœscriptis verbis*. Concluons donc que l'action *prœscriptis verbis* a pour cause unique le contrat innommé.

L'action *prœscriptis verbis* peut-elle concourir avec une autre action?

Nous savons que de l'opération qui donne naissance à l'action *prœscriptis verbis*, naît également au profit de celui qui a exécuté une dation, la *condictio causa data* pour répéter sa chose; mais ce n'est pas de cela qu'il s'agit; ici en effet, ces deux actions ont une existence à part, et elles ne pourront jamais concourir, car elles tendent à un résultat diamétralement opposé.

La question est celle de savoir, si l'action *prœscriptis verbis* peut coexister avec une autre action que le demandeur aurait à sa disposition pour amener l'exécution du contrat ? A la question prise en ces termes, voici la réponse que nous trouvons dans notre titre : « *Cum proprium nomen invenire non possumus, facile descendamus ad eas (actiones), quœ in factum appellantur;* » et plus loin : « *Cum deficiant vulgaria atque usitata actionum nomina prœscriptis verbis agendum est.* » (D. l. 1 et 2 *de prœscriptis verbis.*) Pas de concours possible, tel est donc le principe qui ressort également de textes nombreux (D. l. 18 et 26, *de prœscriptis verbis* — l. 9, § 3, *de Dolo malo* — C. l. 6, l. 33, *de Transactionibus*), hypothèses où toute action faisait défaut, « *Prœscriptis verbis agendum est.* »

Nous devons, cependant, signaler différentes lois qui accordent formellement le choix entre l'action *prœscriptis verbis*, et l'action *ex vendito* (D. l. 50, *de Contrahenda emptione.* — L. 6, *de rescindenda venditione* — C. l. 2, *de pactis inter emptorem et venditorem*); mais cette exception s'explique historiquement. Autrefois, il paraissait peu rationnel de considérer comme faisant partie de la vente, une convention qui allait directement contre le contrat, et amenait, comme résultat final, son anéantissement; aussi les anciens jurisconsultes refusaient-ils l'action *ex vendito* pour faire exécuter ce pacte, et n'accordaient-ils, selon notre principe, que l'action *prœscriptis verbis* qui se trouvait être la seule. Mais, plus tard, un rescrit d'Antonin et de Sévère trancha la question, et accorda l'action *ex vendito*, comme l'indique Ulpien (D. l. 4, *de Lege commissoria*); dès-lors les pactes résolutoires, bien qu'ils détruisissent en définitive le contrat, furent considérés, néanmoins, comme une portion de la vente, et munis de l'action *ex vendito*. Cette action nouvelle, une fois admise, on n'en laissa pas moins subsister l'action *prœ-*

scriptis verbis ; ce qui explique l'anomalie des textes précités.

Concluons de là que la loi 12, *de Præs-criptis verbis* est incomplète, en n'offrant au mari que l'action *præscriptis verbis*, et que Tribonien aurait dû ajouter l'action *ex vendito*, comme le fait Ulpien (D., l. 50, *de Contrahenda emptione*), en rapportant l'opinion de Labéon, qui vivait avant Antonin et Sévère, ainsi que Proculus, et consé-quemment à une époque où le choix entre les deux actions n'existait pas encore.

Non-seulement l'action *præscriptis verbis* était donnée, comme nous venons de le voir, dans tous les cas où il était certain qu'il n'y avait pas d'ac-tion nommée ; mais encore quand il y avait doute sur la formule à demander. Cette incertitude était assimilée à l'absence de toute action, et pour évi-ter les conséquences fatales d'une erreur dans le choix, on accordait notre action : *Melius est præs-criptis verbis agere* (D., l. 18, h. t.) : *Quare tutius esse, præscriptis verbis, in factum actionem dari* (D., l. 24, h. t.), nous disent les jurisconsultes.

L'action *præscriptis verbis* naît à l'occasion des contrats innommés, avons-nous dit ; il nous reste à voir si tout contrat innommé donnait lieu à cette action. En parcourant les textes, nous rencontrons des contradictions qui démontrent l'hésitation de la jurisprudence sur cette matière, où la lutte entre les deux écoles se révèle à chaque pas. Passons successivement en revue les quatre formules, et cherchons à démêler quel est le système qui triompha en définitive.

Nous allons suivre Paul dans la loi 5, *de Præscriptis verbis*, où, à propos d'une espèce dont il cherche la solution, il expose toute la théorie des contrats innommés.

Observons tout d'abord, ce qui jettera quelque lumière sur notre sujet, qu'à l'époque où ce jurisconsulte écrivait, sous Septime Sévère et Antonin Caracalla, il s'opère un travail de fusion dans la jurisprudence; bien que les deux sectes eussent formé des adeptes, les divergences d'opinion ne sont plus aussi tranchées, beaucoup d'entre eux mitigent l'opinion du maître, quelquefois même l'abandonnent et adoptent les principes de l'école adverse. C'est ce qui arrive à Paul; avec des tendances sabiniennes, il ne refuse pas d'admettre les idées de Proculus dans une certaine mesure. Toutefois, on peut dire qu'en général il se raidit contre les innovations des Proculéiens; poussé en cela, peut-être, par un esprit de rivalité jalouse contre Ulpien, comme lui assesseur de Papinien, et qui se faisait remarquer par son esprit novateur.

DO UT DES.

L'esprit sabinien de Paul se révèle dès le début de la loi 5, § 1, *de Præscriptis verbis*; en effet, il fait rentrer dans la vente l'espèce : *pecuniam do, ut rem accipiam*, que Celse, au contraire, comme nous l'avons déjà fait observer, distingue parfaitement de ce contrat (D. 1. 16, *de Condictione causa data causa non secuta*). Dans cette obligation de transférer la propriété, Paul ne voit qu'une nuance, qu'une extension donnée à la vente au moyen d'un pacte.

Mais comment se fait-il que Celse, dans la loi précitée, passe sous silence l'action *Præscriptis verbis*, lorsqu'il reconnaît à notre hypothèse le caractère d'un échange ? Cette action, ne l'admettait-il pas ? Nous pensons que Celse ne s'est occupé que de la répétition de la chose, de la *condictio*, mais qu'il n'eût pas hésité à accorder l'action *Præscriptis verbis* au point de vue du droit d'exécution, et cela nous paraît d'autant plus certain que ce jurisconsulte était un des chefs de l'école Proculéienne.

Les Sabiniens, dans le principe, avaient soutenu que la vente et l'échange devaient être confondus; cette question depuis longtemps décidée contre eux (D. 1. 1, *de Rerum permutatione*), ils n'en persistaient pas moins, à cause de l'analogie qui existe entre ces deux opérations : « *quoniam permutatio vicina esset emptioni*» (D. 1. 2, *de Rerum permutatione*) à accorder les actions découlant de la vente ; Paul adopte complétement l'opinion des Proculéiens ; il reconnaît que dans le « *rem do ût rem accipiam* » il y a échange, et il admet comme eux l'action *Præscriptis verbis*.

Cette action aura les mêmes résultats que l'action *ex Empto* : l'acheteur peut poursuivre le vendeur pour le faire condammer, jusqu'à concurrence de l'intérêt qu'il avait à ne pas être évincé ; il peut également faire briser la vente à raison des vices de la chose vendue (D. 1. 11, § 2, 3 et 4, *de Actionibus empti et venditi*). Eh bien ! l'échangiste aura les mêmes droits avec son action *Præscriptis verbis* (D. 1 1, § 1. — 1. 2, *de Rerum permutatione*. — C. 1. 2, *codem titulo*. — 1. 29, *de Evictionibus*),

DO UT FACIAS.

Pour constituer le contrat de louage, il faut que de l'argent monnayé (*pecunia data*) se trouve en présence d'un fait susceptible de location (*factum quod locari solet*) ; nous sommes entrés précédemment dans des détails à ce sujet, nous n'y reviendrons pas.

Après avoir caractérisé le louage, Paul énumère

les différentes hypothèses où il y a contrat innommé.

Première hypothèse : la nature de la *merces* est altérée ;

Deuxième hypothèse : l'altération porte sur le fait, qui n'est plus de ceux qu'on est dans l'usage de louer ;

Troisième hypothèse : les deux éléments du louage se trouvent également dénaturés.

Telles sont les différentes situations que nous offre la loi 5, § 2, *de Præscriptis verbis*).

Voyons la solution de Paul, en ce qui concerne l'application de l'action *præscriptis verbis* à ces divers cas.

Première hypothèse. — *Si res, non erit locatio :* la modification de la *merces* donne lieu à un contrat innommé, de même que l'altération du prix dans la vente fait passer l'opération dans la classe des échanges ; dans l'un et l'autre cas, l'analogie du συναλλαγμα avec le contrat qui lui servait de type était si grande que les Sabiniens accordaient l'action de ce contrat civil ; ils donnaient donc ici l'action *locati*, comme ils accordaient l'action *venditi* dans le cas d'échange. Mais Paul continue à adopter l'action *præscriptis verbis : nascitur vel civilis actio in hoc, quod mea interest.*

Deuxième hypothèse. — *Quod si tale est factum*

quod locari non possit; ici se présente également un contrat innommé analogue au louage, que les Sabiniens par une légère extension munissaient de l'action *locati*; aussi Paul conséquent avec ses précédentes décisions accorde-t-il encore l'action *præscriptis verbis : vel præscriptis verbis agi.* Du temps de Paul où l'action *prescriptis verbis* est préférée à l'action du contrat analogue, la solution donnée à notre cas n'offre aucune difficulté, nous la trouvons reproduite par Papinien dans la loi 7, *de prescriptis verbis.*

TROISIÈME HYPOTHÈSE. — *Sed si dedi servum, ut servum tuum manumitteres, et manumisisti, et is quem dedi evictus est*, etc. : ici l'analogie avec le louage s'affaiblit, les deux éléments constitutifs du contrat se trouvent altérés, aussi les Sabiniens ne croyaient pas devoir étendre l'action du louage jusqu'à notre opération ; il aurait été difficile, en effet, pour le juge de retrouver dans l'hypothèse soumise à son appréciation, les caractères que lui annonçait le nom seul de la formule ; mais comme ils reconnaissaient qu'il y avait là un *negotium*, un συνάλλαγμα, selon les expressions d'Aristo, qui ne pouvait rester dépourvu de tout moyen d'exécution, ils accordaient l'action de dol.

L'action de dol n'était donnée qu'en l'absence de toute autre action : « *Verba autem edicti talia sunt : Quæ dolo malo facta esse dicentur, si de his rebus alia actio non erit et justa causa esse videbitur, judicium dabo* » (D. l. 1, § 1, *de Dolo malo*). Et si elle-même venait à faire défaut, soit que les caractères du dol manquassent, soit que le temps pour l'obtenir fût écoulé, soit enfin que la qualité des parties s'opposât à son exercice, alors on passait à l'action subsidiaire de l'action de dol, dite *actio in factum* prétorienne , que le préteur accordait (*ex decreto*) pour chaque cas particulier.

Paul indique l'opinion du jurisconsulte Julien, un des chefs de l'école des Sabiniens, qui accordait dans notre hypothèse l'action de dol, ou l'action *in factum* civile : « *Si sciens dedi, de dolo in me dandam actionem Julianus scribit : si ignorans, in factum civilem* ; » voilà qui est en complète contradiction avec ce que nous venons de dire, que l'action subsidiaire de l'action de dol était une action *in factum* prétorienne , car ici l'action *in factum* est qualifiée de civile, ce qui ne peut s'entendre évidemment que de notre action *præscriptis verbis*. Or, nous nous demandons comment concilier l'existence simultanée de l'action *præscriptis verbis* et de l'action de dol, quand l'édit du préteur dit formellement que cette dernière ne sera concédée qu'à défaut de toute autre action ? Ce texte serait donc fort embarrassant si nous ne trouvions pas formulée, dans un autre passage, l'opinion de Julien sur la même hypothèse ; voici ce que nous dit Ulpien à cet égard : « *Ideo puto recte Julianum a Mauriciano repreliensum in hoc : dedi tibi Stichum, ut Pamphilum manumittas ; manumisisti : evictus est Stichus : Julianus scribit in factum actionem a prætore dandam : ille ait civilem incerti actionem, id est præscriptis verbis sufficere.* » (D., l. 7, § 2, *de Pactis.*) Selon Doneau, Julien ne se trouve nullement en contradiction avec l'opinion que lui prête Paul, seulement au lieu de dire action de dol comme dans la loi 5, il emploie l'expression équivalente : action *in factum* prétorienne, dénomination qui n'a rien d'étrange, quand on songe que l'action de dol, le plus souvent, était donnée par le préteur avec une rédaction *in factum* pour en adoucir la rigueur ; dans l'un et l'autre texte, Julien accordait donc l'action de dol, et l'action *præscriptis verbis* en l'absence de tout dol, et c'est de cette violation de l'édit du préteur qui veut que l'action de dol s'évanouisse devant une autre action, qui lui attire le blâme de Mauricianus, son annotateur, auquel s'associe Ulpien. Mais cette interprétation de Doneau vient se heurter contre des impossibilités ; comment admettre, en effet, que Julien, en sa qualité de Sabinien, accorde l'action *præscriptis verbis*, repoussée par son école, à une époque où Sabiniens et Proculéiens ne cédaient rien de leurs opinions ? En second lieu, n'est-il pas évident que le pronom *ille* se rapporte au plus éloigné, Mauricianus, que si on avait voulu parler de Julien c'est le pronom *hic* qu'on aurait employé? Nous croyons que les copistes ont ajouté dans la loi 5 le mot *civilem*, faisant la même confusion que Doneau, attribuant à Julien ce qui était le sentiment de son annotateur : Julien, fidèle aux principes de son école, accordait donc l'action de dol, ou l'action subsidiaire *in factum* prétorienne.

Les Proculéiens avaient une plus grande latitude avec leur action qui se prêtait à toutes les nuances des opérations. La narration des faits en tête de la formule dissipait en effet tous les doutes qui auraient pu naître dans l'esprit du juge ; aussi recherchaient-ils avec moins de soin l'analogie qui existait entre l'opération qui leur était soumise et un contrat civil : un rapport, même éloigné, leur suffisait pour accorder l'action *præscriptis verbis*. C'est ainsi que nous voyons Mauricianus, dans la loi précitée 7, *de pactis*, dans une hypothèse où les deux éléments constitutifs du louage sont modifiés et conséquemment la physionomie de ce contrat à peine reconnaissable, concéder formellement cette action en s'appuyant sur ce qu'il y a dans l'opération un συνάλλαγμα, décision approuvée par Ulpien.

Quant à Paul, il ne dit pas formellement quelle

est son opinion personnelle ; cependant, en le voyant rapporter l'avis de Julien, n'est-il pas permis de supposer qu'il le partage ?

FACIO UT DES.

Déjà nous avons admis que, par suite de l'usage, la formule *Facio ut des* ne donnait pas lieu au louage, mais à un contrat innommé qui lui était analogue. Cette circonstance accidentelle d'interversion de la formule ne suffisait pas à elle seule pour dénaturer complétement le contrat. Toutefois nous croyons que, réunie à d'autres conditions d'altération du louage, elle ne manquait pas d'avoir une certaine influence en effaçant de plus en plus l'analogie que les jurisconsultes recherchent toujours entre le contrat innommé et le contrat civil qui lui sert de type. Cette observation nous servira dans l'explication que nous allons chercher à donner des textes souvent contradictoires qui traitent de notre sujet. Dans cette matière du *Facio ut des*, qui a donné lieu à tant de conjectures, voici l'opinion que nous nous hasardons à émettre.

Le fait par lequel l'opération a débuté, est-il susceptible de location, *factum quod locari solet*, et la dation consiste-t-elle en argent, *pecunia numerata* ; en un mot, les deux éléments constitutifs du louage sont-ils conservés? Alors l'opération ne se distinguait du contrat de louage que par une nuance, par l'interversion de la formule. L'analogie était évidente, puisque nous voyons Gaius, à propos de l'hypothèse où l'on donne des vêtements à dégraissser à un foulon, moyennant un salaire qui sera déterminé ultérieurement, poser, sans la résoudre, la question de savoir si c'est un louage, l'analogie étant si grande entre les deux opérations, qu'il doute si on doit les confondre; or, cette hypothèse s'écarte encore plus du louage, puisque, indépendamment de l'interversion de la formule, la *merces* n'est pas déterminée d'avance. Il nous est donc permis de conclure que, lorsque les deux éléments du contrat de louage restaient intacts, la formule *facio ut des* n'empêchait pas que l'opération ne se rapprochât beaucoup du louage ; dès lors les Sabiniens n'avaient aucune raison pour recourir à l'action de dol, puisqu'ils avaient à leur disposition l'action *locati*; aussi la loi 22, *hoc titulo*, où est rapporté l'exemple de Gaius cité plus haut, ne fait-elle aucune allusion à l'action de dol, et se borne-t-elle à accorder l'action *Præscriptis verbis*, qui l'avait emporté, dans la pratique, sur le système d'extension des actions proposé par les Sabiniens. Nous ferons observer, à ce propos, que la loi 22, tirée de Gaius, a été nécessairement remaniée par Tribonien, qui fait douner l'action *præscriptis verbis* par un chef de l'école sabinienne, ce qui est inadmissible !

Mais la difficulté consiste à expliquer le paragraphe 3 de la loi 5, *de Præscriptis verbis*, où Paul paraît contredire ce que nous venons d'avancer et refuser au contrat innommé, découlant du *facio ut des*, toute analogie avec le louage, puisqu'il n'accorde formellement que l'action de dol. Faut-il admettre l'opinion de Doneau, qui consiste à dire qu'il n'est question dans ce texte que de l'action en répétition, nullement de l'action *præscriptis verbis*, dont l'application à notre hypothèse ne peut être l'objet d'un doute, ce qui explique le silence de Paul à son égard? Cette explication nous paraît un peu forcée ; il est difficile d'admettre que Paul, tout-à-coup, sans transition, après avoir parlé dans les paragraphes précédents, des deux actions cumulativement, abandonne celle qui a trait à l'exécution du contrat, pour ne s'occuper que de l'action en répétition, d'une importance secondaire dans notre matière. D'ailleurs, plusieurs textes démontrent qu'il s'agit ici de l'action tendant à amener l'exécution du contrat et non sa révocation (V. l. 15 et 16, § 1, *de Præscriptis verbis*). Mais alors l'objection tirée du passage de Paul subsiste avec toute sa force ; comment la résoudre ? Voici la réponse qui nous paraît assez probable : Paul, dans le paragraphe 3, ne songe nullement aux hypo-

thèses dont nous venons de parler plus haut, où
les deux éléments du contrat de louage restent intacts ; nul doute qu'à leur égard il eût admis l'action *præscriptis verbis*, en reconnaissant l'analogie
du contrat innommé avec le louage ; sa pensée se
reporte aux trois dernières hypothèses dont il vient
de parler dans le paragraphe précédent, à propos
du *do ut facias*, que nous avons déjà analysées, et
qui nous ont toujours présenté une altération plus
ou moins considérable des éléments constitutifs du
louage :

Première hypothèse. — *Si res, non erit locatio*,
altération de la *merces*.

Deuxième hypothèse. — *Quod si tale est factum
quod locari non possit*, altération de l'objet du
louage.

Troisième hypothèse. — *Sed si dedi servum, ut
servum tuum manumitteres et manumisisti et is
quem dedi evictus est* etc., altération des deux
éléments du louage.

Dans ces cas la formule *facio ut des*, insignifiante
en elle-même, quand il s'agissait d'un véritable
louage, ou d'un cas qui ne différait de ce contrat
que par une nuance, comme celui de la loi 22
hoc titulo, était d'un grand poids aux yeux des
Sabiniens quand venait s'y joindre l'altération de

l'un des éléments du contrat de louage, elle affaiblissait outre mesure l'analogie, ce qui ne leur permettait plus d'accorder l'action *locati*, d'où la nécessité de recourir à l'action de dol.

Les Proculéiens, au contraire, moins restreints dans leur mode d'action, à cause de la flexibilité de leur formule qui se prêtait à toutes les nuances de l'opération, accordaient l'action *præscriptis verbis*; l'analogie s'affaiblissait, il est vrai, mais elle leur paraissait néanmoins suffisante; nous trouvons des traces de cette divergence entre les deux écoles et la concession, soit de l'action de dol, d'après les Sabiniens, soit de l'action *Præscriptis verbis* d'après les Proculéiens, dans la loi 16, § 1, *hoc titulo*, qui nous présente un exemple de la première hypothèse du *facio ut des*, joint à l'altération de la *merces*, ainsi que dans la loi 15 où nous retrouvons la deuxième hypothèse : *le facio ut des* avec l'altération de l'objet du louage.

A plus forte raison les Sabiniens ne donnaient-ils que l'action de dol, quand les deux éléments constitutifs du louage étaient dénaturés et qu'en outre l'opération avait débuté par le fait, car toute analogie alors disparaissait. Mais ne fallait-t-il pas également ment aux Proculéiens une analogie quelconque, quelque faible quelle fût, pour légitimer la concession de l'action *præscriptis verbis*? Peut-être du temps de Justinien en arriva-t-on à donner cette action, abstraction faite de toute relation entre le contrat innommé et un contrat de droit civil. Cependant il est permis de douter, quand on voit les jurisconsultes cherchant toujours dans un rapprochement une analogie plus ou moins éloignée qui serve de base à l'action, laquelle du reste n'a été appelée utile qu'à raison de son extension du cas pour lequel elle a été créé à un cas analogue. Le doute augmente encore quand on voit Justinien au Code l. 4, D., *de dolo*, à propos du cas du *facio ut des* joint à l'altération des deux éléments constitutifs du louage, ce qui est l'exemple de notre troisième hypothèse, n'accorder que l'action de dol, sans faire aucune mention de l'action *præscriptis verbis*, à moins qu'on n'admette avec Doneau que cette dernière action est sous-entendue, et qu'il ne s'agit encore là que de l'action en répétition.

Nous voyons donc, en résumé, que Paul, après avoir marché avec les Proculéiens et accordé comme eux l'action *præscriptis verbis* dans le *do ut des* et dans le *do ut facias*, du moins jusqu'à la troisième hypothèse sur laquelle il ne se prononce par formellement, passe franchement, dans les trois hypothèses du *facio ut des*, du côté des Sabiniens, et ne reconnaît que l'action de dol, tandis que les Proculéiens accordaient l'action *præscriptis verbis* dans les deux premières hypothèses, et peut-être même dans la troisième.

FACIO UT FACIAS.

Les contrats innommés qui se présentent sous cette formule ont de l'analogie, soit avec le mandat, soit avec le commodat, la loi 17, § 3, Dig., *de præscriptis verbis*) nous donne un exemple de cette dernière espèce et accorde l'action *præscriptis verbis*.

Paul (D. l. 5, § 4, *de præscriptis verbis*, nous cite deux cas analogues au mandat. Après avoir discuté les raisons pour accorder l'action *mandati*, il conclut en disant : « *Tutius erit, prescriptis verbis dari actionem ; quæ actio similis erit mandati actioni.* »

Remarquons que lorsque Paul arrive à la solution de la question qu'il a posée dans le *principium*, il se trouve dans l'hypothèse du *facio ut facias* ; il décide, dans le paragraphe dernier, que celui qui a affranchi son esclave, a l'action *præcriptis verbis* pour contraindre l'autre partie à affranchir également son esclave, selon les termes de la convention. Mais, chose remarquable ! dans cette hypothèse, les dommages-intérêts seront évalués en prenant en considération l'intérêt qu'avait celui qui a exécuté à conserver son esclave, à la différence de l'effet ordinaire de l'action *præscriptis verbis*, qui amène la réparation du dommage occasionné par l'inexécution du contrat ; c'est-à-dire, dans notre hypothèse, l'intérêt que la partie qui a exécuté avait à la réalisation de l'affranchissement promis en retour et non effectué. Pourquoi donc cette anomalie ? Parce que l'intérêt d'affection, a-t-on dit, n'est pas susceptible d'une appréciation directe, d'une évaluation en argent ; il fallait en conséquence, de toute nécessité, prendre pour base de l'évaluation des dommages-intérêts le sacrifice auquel a consenti celui qui a exécuté, et rétablir ainsi l'équilibre dans son patrimoine diminué par le fait de la manumission.

Nous ferons cependant observer que Papinien (l. 7, Dig., *de præscriptis verbis*), admet la possibilité d'une pareille évaluation, et que, dans la même hypothèse, il fait produire à l'action *præscriptis verbis* son effet naturel. Il est peut-être permis de supposer que le texte de Paul a été tronqué, qu'on a supprimé ce qui avait trait à l'action *præscriptis verbis*.

POSITIONS.

DROIT ROMAIN.

I. — Les lois 5, § 1, D., *de præscriptis verbis*; 16, D., *de Condictione causa data, causa non secuta*, et 10, au Code, *de Condictione ob causam datorum*, peuvent se concilier.

II. — Le texte de la loi 5, § 2, D., *de præscriptis verbis*, doit être corrigé par la loi 7, § 2, D., *de pactis*.

III. — Le contrat *facio ut des* donnait lieu à l'action *præscriptis verbis*.

IV. — La divergence qui existait entre les deux écoles, sur la question de savoir si la *datio in solutum* opérait la libération du débiteur *ipso jure*, ou seulement *exceptionis ope*, explique la contradiction entre les lois 24, pr., Dig., *de Pignerat. act.*, et 4, Code, *de Evictionibus*, d'une part, et les lois

46 et 98, pr., Dig., *de Solut. et liber.*, d'autre part.

V. — Il y a quelque utilité dans l'extension donnée par Justinien au bénéfice de compétence.

DROIT FRANÇAIS.

I. — Les héritiers présomptifs sont parties intéressées dans le sens de l'art. 112.

II. — Le point de départ des quatre ans ou des dix ans après lesquels la déclaration d'absence peut être demandée, est la date même des dernières nouvelles, et non celle de la réception de ces nouvelles.

III.— Les créanciers de l'absent peuvent, selon les circonstances, avoir intérêt à demander la déclaration d'absence aux termes de l'art. 115.

IV. — Les mesures prescrites en matière d'usufruit par les art. 602 et 603, sont inapplicables à l'absence.

V. — Les cohéritiers envoyés en possession provisoire peuvent se contraindre réciproquement au rapport des dons qu'ils auraient reçus de l'absent, sans clause de préciput.

VI. — Les envoyés ne sont tenus des dettes que jusqu'à concurrence de la valeur des biens dont la possession leur a été accordée.

VII. — Les envoyés provisoires héritiers à réserve peuvent agir contre les donataires entre vifs de l'absent, pour faire rentrer les libéralités excessives dans les limites de la quotité disponible.

VIII. — L'absence de l'unique enfant d'un donateur entre vifs doit-elle faire considérer ce donateur comme n'ayant pas d'enfant au moment de la donation ? et dès lors la révocation doit-elle avoir lieu soit par la survenance d'un autre enfant au donateur, soit par le retour de l'enfant absent ? C'est une question de fait.

X. — L'article 127 ne déroge pas à l'article 1401 ; en conséquence, l'époux présent gagnera pour la communauté les quatre cinquièmes et les neuf dixièmes ou la totalité des fruits par lui recueillis pendant son administration.

XI. — Tout héritier de l'absent, quel qu'il soit, peut, dans les trente années qui suivent le décès prouvé, réclamer les biens, même entre les mains des envoyés définitifs.

XII. — La caution qui a payé la dette, peut, au moyen de la subrogation, recourir contre le tiers détenteur d'un immeuble hypothéqué à la même dette.

XIII. — Le tiers-saisi peut valablement payer au créancier tout ce qui excède les causes de la saisie.

DROIT CRIMINEL.

Celui qui s'approprie un objet par lui trouvé sur la voie publique ne commet point un vol.

DROIT DES GENS.

Avant la loi du 14 juillet 1819, l'étranger n'était point incapable de transmettre par succession, donation ou legs, les biens qu'il possédait sur le territoire français.

Vu par le Président de la Thèse,

E. PERREYVE.

Vu par le Doyen de la Faculté,

C. A. PELLAT.

Permis d'imprimer :

Le Vice-Recteur de l'Académie,

CAYX.